DIALOGUES POLITIQUES

SUR

LES PRINCIPALES OPÉRATIONS

DU

GOUVERNEMENT FRANÇOIS,

DEPUIS

LA RESTAURATION,

ET SUR

LEURS CONSÉQUENCES NÉCESSAIRES.

PAR L'AUTEUR DE LA TYDOLOGIE.

——————Mais pour être approuvés,
De semblables projets veulent être achevés.

RACINE.

A LONDRES:

De l'Imprimerie de R. Juigné, 17, Margaret Street, Cavendish Square.

Se vend chez MM. DEBOFFE, Nassau Street; A. B. DULAU et Co. Soho Square; DECONCHY, 100, New Bond Street, et BOOSEY, Broad Street, Royal Exchange.

1815.

Prix 3s.

PRÉFACE.

L'OISIVETÉ, que mes fautes et celles des autres m'ont procurée à Londres, m'a permis de revenir surtout ce que j'avois vu, et ce que j'avois entendu, depuis le commencement des troubles de la France. J'ai tâché de remonter à l'origine des événements qui se sont passés sous nos yeux, et du systême politique qui les avoit produits. Ces recherches, en me dévoilant les causes premières de nos malheurs, m'ont fait connoître, en même temps, les moyens qu'on auroit de les prévenir, et de rétablir le gouvernement de France sur des bases solides, dans le cas qu'un concours de circonstances favorables le permît. Cette méthode m'a conduit à composer idéalement une histoire de la révolution, que je crois assez vraie, et à laquelle il ne manque que les *faits*. Les personnes accoutumées à ne voir dans l'histoire qu'un tissu de *faits*, trouveront une contradiction dans l'expression dont je viens de me servir: mais celles qui ont l'habitude de réfléchir en lisant, s'apercevront bien vite, qu'elle n'est pas aussi fausse, qu'elle le paroît à un esprit inattentif.

Les études nécessaires pour composer cette histoire m'ont forcé d'approfondir la politique, (*) et la légis-

(*) L'art de gouverner les hommes, ou la politique, sur laquelle on a tant écrit depuis quelque temps, est une science si peu avancée, qu'on n'a pas encore songé à bien définir ses mots techniques les plus essentiels. L'on voit ses meilleurs auteurs confondre dans leur discours le *prince* avec le *souverain ;* le roturier avec le *tiers-état ;* la *nation* avec le

lation qui, étant des sciences comme les autres, entroient de droit dans le tableau des connoissances humaines que j'ai essayé de tracer dans ma TYDOLOGIE. Cet ouvrage est peu répandu : parce que les principes *anti-philosophiques* et l'irrévérence si marquée pour les œuvres de la famille *Necker* que j'y ai publiés, n'ont pas permis aux éditeurs du journal d'Edimbourgh d'en faire mention dans leur recueil. On sait que hors *l'Edinburgh Review*, il n'y a point de salut dans les librairies de l'empire britannique.

Les royalistes, les personnes honnêtes et religieuses qui abhorrent les révolutions et les révolutionnaires auroient pu me soutenir. Mais les partisans de la vertu et du bon ordre ont une si grande confiance dans la bonté de leur cause, qu'ils songent rarement

---

peuple; les *lois originaires* avec les *loix fondamentales* et mille autres mots pareils, qui ne sont point synonimes entre-eux, il s'en faut de beaucoup.

La confusion augmente si des mots on passe aux principes et aux expressions dont se sont servi les personnes qui ont écrit sur la science du gouvernement. Par exemple, on assimille, tous les jours, le pouvoir législatif avec le pouvoir exécutif et le pouvoir judiciaire. Tandis que le premier est la seule puissance légale dans un état, et que les deux autres ne sont que des *pouvoirs* subalternes qui sont subordonnés au *pouvoir législatif*.

Ayant consacré dans ma TYDOLOGIE (tome I, chap. II, depuis la page 308—353) un article assez long sur les *ouvrages-type* de toutes les sciences, je voulus, entraîné par mon sujet, y comprendre les CODES ou les *ouvrages-type* de jurisprudence ou de la politique intérieure. Mais ce paragraphe s'étant étendu considérablement, je fus obligé de le renvoyer dans un APPENDIX qui n'a pas encore paru. La rédaction de cette partie de mon ouvrage me força à composer un *manuel lexique*, ou un vocabulaire, où tous les termes techniques qui sont les plus marquants dans la science de la politique étoient définis avec rigueur. On les trouvera à la suite de mon mémoire sur *les principes qui doivent diriger la confection des lois*. Sans cette précaution préalable, il m'eût été impossible de mettre de la rapidité et de l'exactitude dans les raisonnements que j'allois entreprendre pour développer les principes généraux de la législation.

à lire et à propager les écrits des avocats qui la défendent. Les jacobins, les philosophes (*) ont eu de tout temps une conduite opposée. Ils ne négligent aucun moyen de donner la plus grande publicité aux livres et aux pamphlets qui sont favorables à leurs opinions. Ils ont aussi plus généralement réussi dans l'exécution de leurs desseins.

La manière dont j'avois envisagé le plan de mon livre, m'obligeoit de parler, à l'exemple du CHANCELIER BACON, de toutes les sciences: de montrer les rapports qu'elles ont entr'elles et d'examiner les méthodes employées qui ont accéléré ou retardé leurs progrès. Cette tâche immense fit que je ne pus, dans mon ouvrage, donner à la POLITIQUE et à la LÉGISLATION qu'une place très-resserrée et à peu près égale à celle qui y occupoit séparément L'ASTRONOMIE, la BOTANIQUE, la MÉTÉOROLOGIE, etc. etc.

Je me contentois d'insérer dans la TYDOLOGIE les principes fondamentaux de l'art de gouverner les hommes, afin de rendre un peuple puissant au-dehors et heureux dans son intérieur. Les sophismes politiques des philosophes y sont vigoureusement combattus, et j'y démontre que les malheurs que ma patrie a éprouvés depuis 26 ans au moins, et dont la fin n'est pas encore arrivée, sont principalement dus à la perversité de cette tourbe de novateurs qui, sous l'égide des VOLTAIRE et des d'Alembert, s'étoient constitués les régulateurs de la France ; et de la trop grande confiance avec laquelle leurs compatriotes ont voulu mettre en pratique les préceptes abstraits de ces nouveaux législateurs sur le droit naturel, la souveraineté du peuple, l'égalité des conditions, la composition des tribunaux, l'avilissement de la religion, la destruction des ordres monastiques et d'une infinité d'institutions nationales, sur lesquelles reposoient, depuis des siècles, les fondements de la législation, de la force et du bonheur des François.

Cette partie de mon ouvrage étoit trop étendue ; je le sentis quand je voulus la rédiger. Je renvoyais, dans un appendix, les développements des idées poli-

(*) Voyez la correspondance de Voltaire et de Dalembert.

tiques que le cours de ce travail m'avoit suggerés, et je les annonçois à la fin de la table générale, sous les titres,

1°. Des principes qui doivent diriger la confection des lois.

2°. De l'art de faire exécuter les lois.

3°. De la rédaction des codes de jurisprudence.

Les matériaux relatifs à ces derniers articles étoient prêts, mis en ordres, leur rédaction à demi-faite, et je n'avois, pour ainsi dire, qu'à copier le reste, pour que le tout fût en état d'être envoyé à l'imprimeur. Mais les dégoûts, les événements politiques qui sont venus me distraire, et surtout la cherté de l'impression m'ont empêché jusqu'à présent de les finir.

Privé, par les circonstances, de ma fortune et de ma considération personnelle en France, je crus en bon citoyen que je devois oublier les torts de ma patrie envers les officiers de ma classe, et contribuer, autant qu'il étoit en mon pouvoir, au bonheur d'une nation à laquelle je n'ai pas encore définitivement renoncé. Je profitai de mes matériaux pour en extraire plusieurs mémoires relatifs à l'amélioration successive du code françois, afin de le rendre, avec le temps, aussi parfait qu'il pouvoit l'être. Je pris la liberté de les envoyer à Mgr. D'AMBRAY, chancelier de France. La réponse obligeante et motivée que j'ai reçue de ce ministre, de cet avocat général, si distingué par son instruction et son éloquence dans l'ancien parlement de Paris, a vivement flatté mon amour-propre, et a récompensé mes foibles travaux d'une manière bien honorable.

Les moyens de législation que je proposois dans ces mémoires étant fondés sur les principes primordiaux de la politique, ils conviennent également à tous les peuples. Leur adoption seroit peut-être plus utile aux Anglois qu'aux François, parce que ces premiers ont en général plus de stabilité dans les institutions de leur gouvernement.

Je me borne dans la TYDOLOGIE à présenter aux ministres l'obligation qu'ils ont de protéger les sciences, d'encourager les savants qui les cultivent, sans laisser prendre aux gens de lettres une influence trop impérieuse dans l'état ou dans l'opinion publique. J'y fais voir aussi les pertes énormes et peut-être irréparables que les progrès des connoissances humaines ont faites, par la suppression des monastères et des ordres religieux. (*)

Je comptois développer dans l'appendix de cet ouvrage les règles nécessaires pour composer de bonnes lois et d'excellents tribunaux. Dans les Dialogues que je publie aujourd'hui, je ne parlerai que du caractère qu'a eu l'armée françoise depuis la restauration jusqu'au retour de Buonaparté, et des ressources qu'avoient les ministres de Louis XVIII, pour lui procurer des régiments royalistes, et prévenir la terrible catastrophe qui est arrivée dans le mois de Mars dernier: sujet que les circonstances rendent si intéressant.

On accusera peut être de flatterie le portrait que j'ai fait des troupes du Roi, pris à l'époque où j'en parle. Je ne le crois pas: le defaut de mon caractère personnel, ni de celui de mes écrits, n'est pas en général d'être trop adulateur. Je tonne avec vivacité sur les crimes de cette armée, mais je suis, en même temps, le premier à reconnoître ses bonnes qualités. Mais mains françoises n'ont peut-être pas tenu, avec une impartialité rigoureuse, la balance qui pesoit les vices et les vertus de ces soldats. J'avoue ma foiblesse: je suis toujours peiné, quand j'entends quelqu'un dépriser, inconsidérément et sans restriction, le peuple, le corps auquel il a appartenu ou dont il fait encore partie.

Il étoit impossible que les trois écrits dont je viens de parler, découlant de la même source, fondés sur les mêmes principes, et allant au même but, n'eussent pas beaucoup de points de rapprochement entr'eux. J'ai noté les passages de ces dialogues qui avoient des rapports avec ceux de la tydologie et j'y ai renvoyé les lecteurs: les parties politiques de ces deux

---

(*) Extrait d'une Lettre d'Espagne:

Madrid, 29 Mai, 1815.

Dites au Chevalier de Sade que M. de SABRAN a fait parvenir au Roi son chapitre sur les Moines. Le chapelain françois qui le lui remit, m'ajouta que S. M. en avoit été très-contente .....

ouvrages étant, pour ainsi dire, complément l'une de l'autre. Les personnes curieuses d'approfondir ces matières, auront par ce moyen plus de facilité pour connoître mes principes de législation et pour mieux apprécier la justesse des conséquences que j'en ai tirées.

Par la date du jour où j'ai fini ces dialogues, on verra la différence qu'il doit y avoir en France entre l'état des choses et le caractère des esprits qui existent aujourd'hui et ceux qu'on y remarquoit quand j'écrivois ces mémoires. J'espère que le lecteur aura égard à ce changement qui a été une suite nécessaire de la journée du 18 Juin.

Mon opinion étoit faite, et j'avois les idées que je développe dans ces dialogues long-temps avant que la nouvelle invasion de Buonaparté ne fût venue les réveiller. Ce n'est que vers la fin de Mai, que j'ai pensé à les rédiger, pour complaire à un petit nombre de personnes. Malgré cela j'aurois pu les publier dans le courant du mois de Juin. Mais dans ma position, on balance à débourser une vingtaine de livres sterlings pour éclairer utilement le public, au risque de nuire à sa fortune ultérieure, et d'élever contre soi beaucoup d'ennemis puissants. Aujourd'hui que la dépense est faite, je suis fâché de ne pas m'y être décidé plutôt. Quelques prédictions échappées à ma plume eussent rendu ce pamphlet plus piquant, s'il eût paru avant que les événements, qui les ont réalisées, ne fussent connus de tous le monde. Quoique je n'y parle que des temps passés, j'ai pourtant la satisfaction de croire que les fruits de mon travail ne seront pas tout-à-fait perdus pour l'avantage du nouveau gouvernement dont la France va jouir, sous son Roi BIEN-AIMÉ. C'est cette douce espérance qui m'engage à les publier.

DIALOGUES

ENTRE UN ROYALISTE ET UN JACOBIN.

PREMIER DIALOGUE.

Principes Fondamentaux du Jacobinisme.

Le Jacobin.

POURQUOI voulez-vous remettre les Bourbons sur le trône de France ?

Le Royaliste.

Pour rendre les François heureux, faire régner la vertu, et ne placer que des honnêtes gens à la tête des principales branches du gouvernement.

Mais à votre tour, pourquoi voulez-vous remettre Buonaparte sur le trône de France ?

Le Jacobin.

Pour n'avoir des souverains que par le choix des peuples et non par la grâce de Dieu, détruire le prestige de la royauté, légitimer nos usurpations, et ne placer à la tête des principales branches du gouvernement que des Jacobins habiles qui sachent faire respecter nos droits et les leurs.

Le Royaliste.

Vos principes me font horreur: comment ose-t-on les avouer ?

Ne voyez-vous pas l'Europe armée pour soutenir nos principes, pour nous rendre notre Roi, et faire régner l'ordre et la justice en France ?

Le Jacobin.

Non : je vois ces puissances armées pour renverser l'usurpateur, sans s'embarrasser du nouveau gouvernement que les François voudront ensuite se donner.

Relisez leurs manifestes et les proclamations de leurs généraux.

Le Royaliste.

Croyez-vous que ces puissances puissent permettre à un autre qu'à Louis XVIII, de s'établir sur le trône de France ?

Le Jacobin.

Non : mais après ?

Le Royaliste.

Votre Empereur et toute sa famille seront traités comme des vils scélérats, et les échafauds nous en feront justice.

Le Jacobin.

Ce n'est que ça ; pourquoi appeler tant de monde pour exécuter un pareil projet ? que ces puissances nous donnent une garantie que leurs soldats se retireront dans leurs pays respectifs, et le jour qu'elles auront solennellement pris cet engagement, nous ferons nous-mêmes la justice qu'elles réclament aujourd'hui avec tant d'appareil. Je vous le promets, dès le lendemain de la signature de ce traité, nous mettrons respectueusement aux pieds de LL. MM. réunies sur nos frontières les têtes décolées de Napoléon et de toute sa race. Nous serons plus généreux, nous vous en donnerons encore par dessus le marché, douze autres, à choisir parmi les braves qui l'ont accompagné depuis l'Ile d'Elbe jusqu'à Paris.

Qu'à cela ne tienne ; mais en serez-vous plus avancé ?

Le Royaliste.

Oui, puisque notre Roi légitime sera sur son trône et que le monstre n'existera plus.

Le Jacobin.

Oui, le Roi légitime sera sur son trône, le monstre n'existera plus, mais nous, nous existerons toujours. Soyez persuadé que nous saurons vous contenir et vous faire aller au pas, comme disent les militaires.

Le Royaliste.

Comment vous y prendrez-vous ?

Le Jacobin.

Comme nous le faisons depuis 25 ans.

Le Royaliste.

Croyez-vous de bonne foi que les François

seront toujours assez dupes pour se laisser maîtriser par une troupe de brigands? qu'ils ne se lasseront jamais de se voir dépouiller pour vous enrichir, et qu'ils souffriront éternellement que vous les réduisiez en *chair à canon,* (*) afin d'augmenter votre emponpoint, consolider vos fortunes et votre empire?

Le Jacobin.

Oui, et non. Il y a 26 ans que la révolution dure, il y a 23 ans que les François en sont fatigués, et qu'ils nous détestent bien cordialement; malgré cela, nous les gouvernons toujours.

Le Royaliste.

Votre règne ne peut plus être d'une longue durée.

Le Jacobin.

Il durera tant que vous conserverez vos principes et que nous conserverons les nôtres; que nous serons exacts à les faire exécuter à la rigueur, et que nous ne souffrirons point qu'un de nos commettants atténue l'esprit de ses instructions, sous le vain prétexte que leur dispositif blesse toutes les lois de l'humanité et d'une morale, bien sublime sans doute, mais avec laquelle vous avez toujours été battus, dépouillés, proscrits, vilipen-

(*) Expression triviale employée par le peuple pour définir un conscript.

dés presque partout le monde, et quelquefois même par les vôtres.

Vive le crime, c'est la seule voie de parvenir dans ce monde. Si vous n'étiez pas si vieux, je vous conseillerois de vous faire scélérat avec méthode. Un jeune homme ne peut pas prendre un meilleur parti.

Le Royaliste.

C'est révoltant.

Le Jacobin.

Pourquoi se révolter d'une vérité reconnue de tous les gens en place, et que depuis 20 ans on professe dans nos lycées, au grand avantage des jeunes gens qu'on y a élevés? j'en connois plusieurs qui ont beaucoup profité des leçons qu'ils y ont reçues, et qui à peine sortis de leur adolescence, avoient fait dans la carrière du crime des progrès étonnants, et qu'autrefois on auroit cru au-dessus de leur âge. Ces individus parviendront, et vous les verrez dans peu occuper les postes les plus importants et les plus lucratifs du royaume, de l'empire, ou de la république. Car peu nous importe la dénomination de notre gouvernement, pourvu que nous y soyons les maîtres. Nous ne voulons que l'autorité et les honneurs qui sont dus à notre habileté et à notre persévérance à toujours marcher de spoliations en spoliations, d'assassinats en assassinats, vers notre but unique, qui est de nous faire craindre, et par con séquent de nous faire ostensiblement respecter par tous les habitans de la France, et même par un grand nombre d'individus dans les pays étrangers.

Quant à ceux qui nous mépriseront dans le secret de leurs sociétés particulières, nous les mépriserons en public, et nous n'y prendrons pas garde ; nous pousserons même l'indifférence jusqu'à faire semblant d'ignorer les diatribes et les sarcasmes qu'ils ont sans relâche lancés contre nous, quand nous les verrons valeter dans nos antichambres pour y mendier notre faveur et obtenir quelque grâce.

Le Royaliste.

Vous êtes heureux que nous soyons tête-à-tête et que je sois un honnête homme, qui ne divulguerai point les horribles maximes que vous venez de me développer avec tant d'affection, dans la confiance d'une conversation particulière : si on les connoissoit, vous ne seriez reçu nulle part.

Le Jacobin.

Vous êtes un bon enfant. J'ai, comme vous, beaucoup voyagé en Europe. Je me suis souvent rencontré dans la même ville avec des émigrés dont la conduite étoit admirable et le mérite bien reconnu. Quelquefois on les recevoit et on leur faisoit des politesses.

Mais moi, coquin notoire, dont la réputation étoit faite et soutenue par des pièces officielles, imprimées dans tous les journaux du tems, on venoit chez moi, on cherchoit à me plaire, et les plus grands seigneurs se sont souvent honorés des politesses que je leur faisois.

Voilà la différence entre la considération dont le crime et la vertu jouissent dans ce siècle-ci.

Ainsi, point de scrupule. Répétez notre conversation; apprenez quels sont mes principes à tout le monde; mieux j'en serai connu, mieux j'en serai traité.

Le Royaliste.

Je n'y puis plus tenir, je m'en vais.

Le Jacobin.

Au revoir.

Le 25 Mai, 1815.

SECOND DIALOGUE.

Subordination de l'Armée Française au Ministère de la Guerre.

Le Royaliste.

Eh bien, mon Jacobin, êtes-vous toujours dans les mêmes principes ?

Le Jacobin.

Je n'en change pas si facilement. J'ai même

un avantage sur vous ; j'écoute mes contradicteurs et je discute de sang-froid leurs raisons.

Quelles sont celles qui dans ce moment-ci doivent me rendre Royaliste ?

Le Royaliste.

Les puissances réunies, animées d'un même esprit, qui proclament hautement qu'elles ne sont que l'organe de la justice divine et les exécuteurs des arrêts terribles que le ciel a prononcés contre vous.

Le Jacobin.

Il est avec le ciel des accommodements.

Nous saurons les prendre. Ce n'est pas la première fois que cela nous arrive ; et nous nous en sommes toujours assez bien tirés.

Le Royaliste.

Comme depuis la restauration : vous rappelez-vous avec quel mépris vous avez été traités par les feuilles publiques, baffoués par le peuple, et la considération que vous avez eue après la chûte de votre sénat ?

Le Jacobin.

Fort peu dans les sociétés particulières du faubourg St. Germain, mais partout ailleurs autant que vous et quelque fois davantage. Nous avons conservé nos biens, nos titres, nos places et une grande influence dans tous les bureaux du gouvernement. Pouvez-vous en dire autant, vous qu'on appeloit avec assez de justesse *les dindons de la farce ?*

Le Royaliste.

Cela ne pouvoit pas durer. L'on avoit déjà commencé d'expulser des corps vos camarades les plus marquants qui les déshonoroient par leur présence.

Le Jacobin.

Le coup étoit prévu depuis long-tems et nous avions pris nos précautions en conséquence. Aussi nous vous avons chassés du moment que vous avez mis la main à l'œuvre, pour consommer cette grande opération. Elle n'étoit pas mal vue ; vous l'auriez sûrement achevée sans résistance et même, je crois, avec profit, si, du premier jour, vous l'aviez entreprise.

Le Royaliste.

Vous êtes des fanfarons qui vous attribuez la gloire de tous les crimes qui se sont commis, même de ceux où vous n'avez été pour rien.

Par exemple, dans cette occasion, vous n'avez été, comme nous, que les spectateurs imbécilles de la catastrophe qui est arrivée dans le mois de Mars dernier. C'est l'armée qui a tout fait. Ce sont ces troupes rebelles, ces janissaires mutins et parjures qui ont renversé Louis le Désiré, pour mettre à sa place Napoléon le redouté : ce Corse fléau de la France et le perturbateur de l'Europe entière.

Le Jacobin.

Pauvre Royaliste, pauvre raisonneur, qui confondez toujours l'instrument avec l'artiste. Vous vous attachez principalement, dans toutes les questions, à discuter, ou plutôt à clabauder sur des incidents peu essentiels par eux-mêmes, et vous songez bien rarement à vous élever de circonstances en circonstances, jusqu'à l'origine des affaires les plus importantes pour votre intérêt commun.

Les corps politiques sont comme ceux des individus, et ils doivent se traiter de la même manière. Si un habile médecin est appelé près d'un souffrant, il commence avant tout par reconnoître et s'instruire de la cause première de toutes les infirmités qui tourmentent son malade. Il attend avec patience d'avoir découvert la source et les ramifications du système destructeur qui altère la santé de la personne qui le consulte, et c'est après en avoir acquis une profonde connoissance qu'il propose ou qu'il ordonne ses remèdes; ils sont toujours efficaces quand le mal n'est pas incurable.

Le Royaliste.

Dans cette occasion vos reproches tombent à faux. N'est-ce pas le mauvais esprit, la mauvaise composition de l'armée qui est la cause première de tous les maux que la France éprouve dans ce moment-ci, et de ceux encore plus effrayants qui l'attendent, jusqu'au rétablissement de son Roi légitime sur le trône de ses ancêtres.

Le Jacobin.

Non, ce n'est point à l'armée. Quelque soit le sort futur de la France, c'est à nous et non pas à d'autres qu'elle le devra.

Les troupes françaises à cette époque composoient l'armée la mieux disciplinée, la plus instruite, la plus aguerrie, la plus dévouée, la plus fidèle, et enflammée du meilleur esprit militaire que jamais vos Rois aient eu. Aussi elles ont été pendant très-long-tems victorieuses dans presque toutes les parties de l'Europe. Elles le seroient peut-être encore, si leur chef extravagant, aveuglé par ses succès, ne se fût pas cru au-dessus de toutes les règles du bon sens, en voulant affronter en même tems et les neiges de Moscou, et le Dieu des Espagnols.

Le Royaliste.

Je sais que vos soldats ont la prétention de n'avoir jamais été battus, pas même à Paris, ni en Champagne où, à coup sûr, ils ont été, en plusieurs occasions, rossés vigoureusement.

Le Jacobin.

C'est une prétention exagérée et par conséquent ridicule, qui ne souffre point la critique; mais elle vous prouve en même tems l'excellent esprit qui animoit cette troupe.* Les bons soldats ne doivent pas plus avouer qu'ils ont été battus par la force des armes de qui que ce soit, qu'un homme honnête ne doit convenir des faveurs que lui accorde sa maîtresse. Si tous les deux on les attrappe sur le fait, ils le nient toujours, et le public raisonnable leur en sait bon gré.

Le Royaliste.

Quels sots propros n'ont-ils pas tenus pour faire excuser leurs défaites. Ils ont dit qu'ils avoient été trahis, qu'on leur avoit donné des cartouches remplies de cendres au lieu de poudre, et mille autre fagots de cette espèce qui font hausser les épaules.

---

* Ce n'est point par le manque de courage, de discipline, en un mot parce que l'armée françoise étoit mauvaise, qu'elle a perdu la bataille du 18 Juin, 1815. Mais parce que Buonaparte s'est laissé tourner, comme un écolier, par un corps considérable de Prussiens, qui le prit en flanc et par derrière, et mit une confusion dans ses rangs, dont le coup-d'œil sûr et perçant du Duc de Wellington s'aperçut bien vite. Ce grand capitaine profita avec promptitude et habileté du désordre de son ennemi, pour le faire charger par ses troupes et remporter une victoire décisive. Le corse Empereur perdit, dans cette défaite, son champ de bataille, son artillerie, ses baggages, ses munitions, une grande quantité de prisonniers, son empire, et même sa réputation militaire.

Une excellente armée de 130 mille hommes peut être battue; mais il n'y a qu'un sot, ou un général qui a perdu la tête, qui la laisse mettre dans une déroute complette.

Le Jacobin.

Ils ont dû le dire, et vous auriez dû les soutenir, pour commencer à vous les attacher. Nous, qui ne haussons jamais les épaules, mais qui approfondissons toujours le cœur humain, afin de profiter de ses foiblesses, nous n'avons pas manqué cette occasion pour flatter l'amour-propre de vos soldats, nous insinuer dans leur esprit et attrapper leur confiance.

Le Royaliste.

Vous avez raison ; nous sommes trop inconsidérés. Mais ce que je ne puis point vous passer, c'est de nous représenter l'armée comme une troupe fidèle. Vous êtes un amant passionné qui ne veut point convenir des défauts et encore moins des torts de sa maîtresse.

Le Jacobin.

Je vous parle franchement. Quoique par état je n'eusse point l'habitude de vivre dans vos sociétés aristocrates, je n'en savois pas moins tout ce qu'on y faisoit et tout ce qu'on y disoit. Il ne m'est point échappé qu'après chacune de nos victoires, il étoit rare, qu'à l'imitation de nos soldats, vos orateurs ne criassent pas que les généraux vaincus, leur état-major, les commandants de division et toute la séquelle étoient des traîtres qui avoient vendu, à beaux deniers comptants, les places ou les corps qu'on leur avoit confiés.

Le Royaliste.

Dans la totalité des actions de guerre qui se sont passés sous nos yeux, n'avons-nous jamais deviné les vraies causes des succès et des revers de ces divers combattants? Les arrêts que nous avons prononcés contre leurs chefs, ont-ils toujours été des jugements téméraires?

Le Jacobin.

Je n'en sais rien: je n'ai jamais été employé dans cette partie. Mais il y a tel traits, telle suite d'événements qui justifient, en quelque sorte, votre façon de penser aux yeux des personnes qui, comme moi, n'ont pas été dans une situation assez favorable pour connoître et approfondir les détails des affaires qui ont donné lieu à vos soupçons.

Mais, nommez-moi un général, un officier françois que la calomnie la plus insidieuse ait osé accuser d'avoir vendu à beaux deniers comptants les places ou les corps qui leur avoient été confiés. Si vous en connoissiez un, ce n'est pas par égard pour l'honneur de vos compatriotes que vous ne le citeriez pas. Depuis long-tems vous en auriez étourdi vos sociétés, les lecteurs de vos gazettes et des journaux dans lesquels vous avez eu accès. Votre silence à cet égard est une preuve incontestable de mon assertion.

Un petit nombre de nos officiers marquants, révoltés des horreurs que nous leur faisions commettre, ou redoutant les caprices meurtriers de nos révolutionnaires, ont déserté de notre service et ont agi ouvertement contre nous, mais avec les mains pures et à l'abri de tout reproche d'ingratitude ou de trahison.

Comptez-vous moins de déserteurs dans votre cause, et soutiendrez-vous que les traîtres et les ingrats ont été plus nombreux dans notre parti que dans le vôtre?

Mainte fois nos soldats ont violé l'humanité, la bonne foi et tous les devoirs sociaux, mais il est très-rare qu'ils aient trahi leur gouvernement.

Le Royaliste.

Je le crois bien! vous étiez impitoyables. Vous comptiez la vie des hommes pour rien, vous faisiez guillotiner, fusiller un général, un officier, du moment que vous pensiez que dans 6 mois il pourroit vous donner la moindre inquiétude.

Le Jacobin.

Que n'en faisiez vous autant, et vous auriez été aussi bien servis que nous. La France n'auroit pas éprouvé cette vicissitude de gouvernements qui l'ont tourmenté; et nos Jacobins les plus marquants seroient encore ou des galériens, ou de fort bons sujets jouissant d'une fort bonne réputation, soit dans leurs corps, soit dans leur pays.

L'occasion fait le larron; il y a long-tems qu'on l'a dit.

Croyez-moi, à la guerre, dans les révolutions et les contre révolutions, les meurtres et l'injustice ont des suites moins funestes que l'impunité.

Le Royaliste.

C'est donc par crainte et non par amour que vous avez obtenu la fidélité de vos soldats.

Le Jacobin.

N'importe les moyens que nous avons employés ; l'expérience prouve qu'ils sont meilleurs que les vôtres, puisqu'ils ont mieux réussi.

Notre armée est excellente, elle aime son métier avec passion ; voilà son seul défaut. Absolument indifférente à nos principes politiques, elle n'a pas cessé de bien se battre, tantôt pour, tantôt contre les différents partis qui, tour-à-tour, ont voulu gouverner ; mais elle a toujours été en faveur de celui qui avoit su s'emparer du ministère de la guerre, qui en a toujours disposé.

Le Royaliste (ironiquement).

Notamment sous Louis XVI et sous Louis XVIII.

Le Jacobin.

Abandonnez ce ton ironique ; il ne répond à aucune objection. Votre sort fait pitié ; tâchez que vos raisonnements ne produisent pas le même effet. Oui, notamment sous Louis XVI, aucune garnison n'eût bougé, les troupes appelées à Paris eussent fait leur devoir, et la révolution n'eût jamais existé, si M. Necker, dépositaire de l'autorité royale, n'eût eu, par la plénitude de ses pouvoirs, une influence absolue sur les ordres et les instructions du ministre de la guerre qu'il avoit fait nommer.

Le Royaliste.

Nous parlerons un autre jour de ce Génevois célèbre et de sa trop célèbre fille.

Mais sous Louis XVIII, sous nos yeux, ces bandes de Janissaires parjures formoient-elles une armée fidèle et obéissante aux ordres ou aux instructions du ministère de la guerre, quand, en dépit de ses serments, et du vœu bien prononcé de ses concitoyens, elle a renversé le trône qu'elle étoit chargée de soutenir, et renvoyé un monarque adoré qu'elle devoit défendre jusqu'à la dernière goutte de son sang ?

Je vous le répète, ces perfidies se sont-elles commises par les ordres ou les instructions du ministre de la guerre ?

Le Jacobin.

Il n'y a pas de doute ; les preuves en sont trop longues pour vous être détaillées dans ce moment ; nous pourrons y revenir par la suite.

Le Royaliste.

Le maréchal duc de Dalmatie est donc un traître infâme ?

Le Jacobin.

Je n'assure rien à cet égard. Je ne diffame pas si légèrement un vieux soldat, aussi distingué par sa valeur, que par la régularité de son administration dans les armées qu'il a commandées. Je suis même porté à croire qu'il est dans cette affaire aussi innocent que vous.

Le Royaliste.

Il étoit pourtant alors le ministre de la guerre.

Le Jacobin.

Nominalement; comme MM. Beugnot et d'André ont été directeurs généraux de la police. Mais c'est les calomnier que de dire qu'ils en ont rempli les fonctions. Ces magistrats respectables ne méritent point qu'on leur fasse une pareille insulte.

Le Royaliste.

Quel étoit donc le chef véritable du ministère de la guerre ?

Le Jacobin.

C'étoit nous qui, sous des noms supposés, étions, dans le fait, le ministre de la guerre, le ministre de l'intérieur, le ministre de la marine, le directeur général de la police, etc. etc. etc.

C'est nous qui, depuis 25 ans, avons tout fait; c'est nous qui faisons tout, c'est nous qui ferons encore tout, si vous n'y prenez pas garde.

Le Royaliste.

A l'époque dont nous parlons, qu'avez-vous fait ?

Vous avez secondé les projets ambitieux de Buonaparte ; voyant que l'armée étoit pour lui, vous vous êtes mis du côté du plus fort, persuadés qu'il valoit mieux se ranger du parti des bayonnettes, que de se laisser subjuguer par elles. Mais sans Buonaparte et son armée vous seriez encore tranquilles et doux comme des moutons.

Le Jacobin.

Vous connoissez bien peu Buonaparte, l'armée et nous ; voyez comme nous nous jouons de ces deux épouvantails si redoutables à vos yeux. Ils sont réunis : l'armée a son général chéri, l'empereur est à la tête de ses braves ; qu'y fait-il ? Il passe des revues, c'est un menu plaisir que nous lui permettons, mais aux conditions expresses qu'il rendra les mêmes honneurs impériaux à notre brave milice du faubourg St. Antoine, de St. Médard et d'autres lieux : à ces hordes de héros coëffés d'un bonnet rouge et armés de piques, si fameuses par la prise de la Bastille, le massacre des Gardes du Corps, les meurtres de Bertier, de Foulon, de la princesse de Lamballe et une infinité d'exploits aussi terribles, mais dont la mémoire est encore assez récente, pour en imposer et faire trembler un homme en place qui voudroit nous écarter de son conseil et ne pas agir d'après nos instructions secrètes.

Le Royaliste.

Je ne sais pas si vous m'éclairez ; mais vous

contrariez furieusement les idées que m'avoit données la fréquentation de nos grands hommes d'état sous l'ancien régime.

Le Jacobin.

Parce que je raisonne.....

Le 29 Mai, 1815.

TROISIEME DIALOGUE.

Parti qu'on auroit pu tirer des anciens officiers émigrés.

Le Royaliste.

Je vous rencontre à propos pour vous sommer de votre parole... Vous n'y tenez pas beaucoup, vous autres Jacobins.

Le Jacobin.

Cela dépend : comme menteurs politiques, nous sommes en état de lutter avec tous les cabinets et les intrigants du monde. Mais avec des royalistes, nous ne prenons pas la peine de les tromper, et nous sommes souvent indiscrets ; bien sûrs d'être toujours les plus forts.

De quoi s'agit-il ?

Le Royaliste.

Vous rappelez-vous que, dans notre dernière conversation, vous m'avez assuré que c'étoit vous, et non le duc de Dalmatie, qui dirigiez le ministère de la guerre ?

Le Jacobin.

Vous ne le saviez pas ? vous ne vous êtes pas encore aperçu que ce département ministériel n'a pas cessé d'être jacobin, depuis l'entrée des Alliés à Paris jusqu'au moment où je vous parle.

Le Royaliste.

Comment voulez-vous qu'on devine des choses aussi extraordinaires, et qui me paroissent encore incroyables, malgré votre assertion positive ?

Le Jacobin.

A l'œuvre on reconnoît l'ouvrier.

Le Royaliste.

Relativement à l'armée, les premières opérations du gouvernement de Louis XVIII ont été de délivrer ses sujets des chaînes de la conscription ; de donner des congés aux soldats ennuyés du service; et de renvoyer dans leur famille ces enfans chéris que la tyrannie de Buonaparte avoit arrachés des bras de leurs parents, pour les envoyer par milliers dans les boucheries politiques de cet Empereur insatiable du sang françois.

D'un autre côté, le Roi et son ministre de la guerre n'ont manqué aucune occasion de convaincre les maréchaux et les officiers les plus marquants de l'armée, qu'au lieu d'être toujours à la merci d'un despote capricieux, ils n'avoient plus à craindre de perdre leurs grades, leurs places, leurs fortunes, et leur considération ; qu'ils avoient au contraire tout à espérer sous un monarque légitime, affermi sur son trône par ses vertus, constant dans ses principes, et qui les regardoit comme ses plus fermes soutiens.

Le Jacobin.

Cette condescendance vous a perdus. Ces officiers l'ont prise pour de la foiblesse, et ils ont agi en conséquence.

Un souverain doit s'occuper d'en imposer aux gens en place, avant de songer de se les attacher par de beaux compliments. Ces doux propos ne produisent de bons effets que quand on est fermement convaincu que la même bouche qui flatte si honorablement ses subalternes, ne balancera pas de prononcer, avec une égale justice, leur arrêt de proscription, toutes les fois qu'ils oseront s'écarter de leur devoir.

Le Royaliste.

Le Roi voulait être aimé, et il étoit aimé.

Le Jacobin.

Par les bons citoyens, par les gens de bien, par les personnes raisonnables; et non par les factieux, qu'il falloit contenir.

Le Royaliste.

Pour leur plaire, il leur a pourtant fait les sacrifices les plus chers à son cœur. Ses compagnons d'infortune ont été les premières victimes immolées à la tranquillité publique, au vif désir qu'il avoit de rendre les François heureux, et de réunir ses serviteurs fidèles, ainsi que ses sujets égarés, sous des lois dictées par l'amour de la paix et de la justice. Ce n'est qu'avec beaucoup de ménagement, j'allois dire qu'avec des subterfuges, qu'il a risqué de proposer de tems en tems, pour remplir de petites places qui ne faisoient ombrage à personne, quelques-uns de ces émigrés qui, au mépris de leur vie et de leur fortune, avoient toujours soutenu sa cause, et dont la fidélité avoit été éprouvée par 25 ans de malheur et de révolution. (*)

Le Jacobin.

Seconde faute suggérée par les Jacobins. Nous avons adopté un autre systême. Nous récompensons bien, mais nous punissons de même. Nous tuons, chassons, dépouillons et vexons de toutes les manières nos ennemis. Nous sommes indulgents et même foibles avec nos amis. Notre politique a toujours été de n'avoir plus d'ennemis à craindre, et de nous entourer d'un grand nombre d'amis, ambitieux de nous plaire, empressés d'aller au devant de nos désirs, et nous les avons

(*) MM. Le Comte de Vaugiraux, Capitaine de vaisseau dans l'ancienne marine royale, gouverneur de la Martinique, et Guillhermy, intendant de la Gaudeloupe, sont des émigrés qui font exception à cette règle assez généralement suivie par les ministres de Louis XVIII. Aussi ces colonies sont les seules provinces qui soient restées fidèles à S. M. et qui n'aient point reconnu le second joug de Buonaparte.

rendus assez forts, pour nous soutenir avec succès dans toutes les occasions.

Vous avez tenu un plan de conduite absolument contraire, et vous avez obtenu des résultats diamétralement opposés aux nôtres ; cela ne pouvoit pas manquer.

Le Royaliste.

Il y a pourtant un vieux proverbe qui dit, *qu'on prend plus de mouches avec du miel qu'avec du vinaigre.*

Le Jacobin.

Maxime excellente à l'usage des gobe-mouches; mais elle ne vaut rien pour gouverner des hommes vicieux et surtout des révolutionnaires: c'est avec de *l'eau forte*, et non avec du miel, qu'on attrape et qu'on contient ces gens-là.

Le Royaliste.

Le système de terreur est votre arme favorite: vous ne savez parvenir à vos fins qu'en employant les gibets, les massacres, les spoliations et les vexations de toute espèce.

Le Jacobin.

Nous agissons conséquemment à nos principes.

Le Royaliste.

Ils sont horribles.

Le Jacobin.

Mais ils sont sûrs.

Le Royaliste.

Ils vous ont bien réussi en Espagne, où les premières horreurs commises par vos généraux ont soulevé une nation entière sans chef, mais avec une volonté bien déterminée de ne pas se laisser insulter, voler, ni assassiner impunément par des voisins, précédés d'une réputation d'invincibles et soutenus par les soldats des trois-quarts de l'Europe qu'ils avoient subjugués et forcés à combattre sous leurs ordres, pour les intérêts d'un usurpateur.

Le Jacobin.

Les Espagnols sont un peuple superstitieux et rempli de préjugés. Il y a de la prise sur ces gens-là. Rendus à eux-mêmes, par l'absence de leur gouvernement, ils en devinrent plus forts et plus nerveux, aussi nous ont-ils donné beaucoup de peine.

Le Royaliste.

Sans aucun profit. Vous y avez perdu au contraire beaucoup de monde et beaucoup d'argent. Après une lutte de plusieurs années, ces braves Castillans vous ont chassés de leur territoire et ont ouvert les portes de la France aux Anglais, à vos ennemis les plus acharnés, les plus incorruptibles et les plus clair-voyants.

Le Jacobin.

Cela est vrai. Mais pourquoi les Espagnols

ont-ils réussi? C'est qu'ils nous ont traités comme nous les traitions; qu'ils ont usé à la rigueur du droit de représailles, et qu'en écoliers ingrats, ils ont tourné contre nous les leçons que nous leur avions données avec tant d'envie de les obliger.

Malgré cela, il s'en est fallu de peu que nous ne nous en soyons tirés.

Le Royaliste.

Avec les étrivières.

Le Jacobin.

Non, avec des avantages majeurs.

Le Royaliste.

Vous auriez toujours été obligés de sortir d'Espagne beaucoup plus vite que vous n'y étiez entrés.

Le Jacobin.

Que nous importe d'avoir un pays, pourvu que nous y soyons les maîtres? Les *Cortès*, instruites à nos écoles, connoissoient nos principes et vouloient les suivre à la rigueur. Mais Ferdinand et son conseil ont habilement déjoué les espérances que nous avions conçues à cet égard.

Le Royaliste.

Habilement! ce mot m'étonne en sortant de votre bouche. Car depuis que ce Prince est remonté sur son trône, vous et vos écrivains n'avez cessé de parler avec le plus grand mépris de lui.

des actes de son conseil, du rappel des moines,* du rétablissement de l'inquisition,† et en général de tous les décrets qui sont sortis du cabinet de Madrid depuis ce renouvellement dela Monarchie Espagnole.

Le Jacobin.

Nous faisions notre métier. Nous exaltons la magnanimité des uns ou la turpitude des autres, suivant qu'ils agissent pour ou contre nos intentions ultérieures. Mais, entre nous, Ferdinand a pris le meilleur parti. Il est maître chez lui. Notre Empereur a tenu la même conduite à son second avènement au trône de France; et s'il n'y est pas encore tout-puissant, ce n'est pas par l'opposition de ses ennemis bien connus qu'il a chassés de ses états, ou assujétis par la crainte à l'obligation de lui obéir, mais parce qu'il nous a trouvés placés à ses côtés et que nous sommes ses maîtres en politique.

Je vous le dis en confidence: si le Roi Joseph fût débarqué avec onze cents hommes dans le Golfe de Séville ou de Murcie, pour venir de nouveau régner à Madrid, il eût rencontré dans

---

* Voyez l'utilité des moines et les services qu'ils ont rendus. Tydologie, tome II, page 543 et suivantes.

† Voyez le parallèle de l'inquisition des catholiques et de celle des philosophes. Tydologie, tome II, page 470.

sa route beaucoup plus d'embarras que son frère n'en a trouvé pour aller de Cannes à Paris.

Le Royaliste.

L'Espagne n'étoit pas aussi désorganisée que la France.

Le Jacobin.

Vous avez raison; mais vous ne l'étiez pas autant que vous l'avez cru.

Le Royaliste.

D'ailleurs Ferdinand avoit beau jeu. L'armée et le peuple étoient pour lui.

Le Jacobin.

Il les avoit parce que ses ministres ont voulu les avoir et qu'ils connoissoient parfaitement leur esprit.

Le Royaliste.

Je vous ai déjà détaillé les soins, les concessions, et même les bassesses que nos ministres ont prodiguées pour s'attacher les officiers et les soldats de l'armée. Pouvoient-ils en faire d'avantage, et comment ont-ils réussi?

Le Jacobin.

Quand on a pris une fausse route, plus on marche, plus on s'égare, et on n'arrive jamais au but qu'on veut atteindre; on s'y trouve porté sans s'en apercevoir, quand on a suivi le droit chemin.

Le Royaliste.

Vouliez-vous qu'on exterminât l'armée existante? Qu'on la remplaçât tout de suite par une autre, composée en grande partie de nos anciens officiers émigrés, pleins de zèle, d'honneur, et de sentiments de fidélité sans doute, mais la plupart si vieux, si cassés, si étrangers aux soldats françois d'aujourd'hui, et que vous avez appelés avec tant d'insolence, *les Voltigeurs de Louis XIV?*

Le Jacobin.

L'invention de ce mot est un coup de maître. Il n'eût jamais pris, si nous n'avions pas été les vrais ministres de la guerre et de beaucoup d'autres départements.

Le Royaliste.

Comment empêcher les François de répéter un bon mot qui flattoit en même tems, l'ambition et l'amour-propre de leur jeunesse?

Le Jacobin.

En faisant porter à faux le sel de cette plaisanterie, en inspirant du respect et de la considération pour ces *vieux Voltigeurs.*

Le Royaliste.

Il faut être juste. Quoique plusieurs d'entre eux m'honorent de leur amitié, ils n'étoient pas en état, en campagne, de rivaliser avec cette foule de bons officiers que Buonaparte nous avoit laissés.

Le Jacobin.

Il n'y a pas de doute ; en campagne vos preux chevaliers ne valoient pas les nôtres On ne guerroie pas toujours, et nous étions en paix. Mais gouverneurs de Province, commandants de place, majors, chefs sédentaires d'une administration régimentale, et dans d'autres postes importants, il auroit été avantageux de les avoir. Leur bon esprit se seroit propagé parmi leurs subordonnés, et, à l'ombre de leurs cheveux blancs et de leur vie exemplaire, on auroit vu germer et fructifier les sentiments de religion, de royalisme, de décence et de probité, au milieu des officiers, et même bien plus vite parmi les soldats, si l'on avoit su employer de bons ouvriers pour les travailler dans leur genre.

Le Royaliste.

Vos jeunes godelureaux se seroient moqués de nos *vieilles ganaches :* ils les auroient appelés ainsi. Un troupeau est perdu, quand les moutons se moquent de leur berger.

Le Jacobin.

Cela auroit pu arriver une fois impunément. Mais la récidive eût entraîné une punition si publique et si exemplaire, tant sur le moqueur que sur le moqué, que tous les deux eussent été en garde, pour éviter qu'à l'avenir de pareils actes de sévérité tombassent sur eux.

Ces moqueries, ces persiflages passent de mode dès que le ministre de la guerre veut sérieusement les faire cesser.

Le Royaliste.

Je ne puis vous le dissimuler : nous avions, en conscience, plusieurs de ces vieux officiers qui n'étoient plus bons à rien. Il est vrai qu'on pouvoit leur donner de fortes pensions de retraite ; il n'y a pas d'apparence qu'ils eussent été long-tems des créanciers à charge à l'état ; et, à peu de frais, on se seroit montré généreux envers eux.

Le Jacobin.

C'est le pis aller : les pensions sont une espèce de grâce dont un état doit être avare ; on commence par les accorder au mérite ou au malheur, et on finit par les prodiguer aux intrigants ou aux mauvais sujets dont on veut se débarrasser.

Un seigneur qui sait conduire sa maison, ne renvoie point avec une pension les vieux domestiques dont il a toujours été content. Ces bonnes gens dans leur retraite ne manquent de rien relativement à leur vie animale ; mais ils s'y ennuient, privés de considération ils y sont délaissés, mécontents ; heureux encore s'ils ne deviennent pas le sujet des quolibets des mauvais plaisants de leur quartier, ou de ceux qui les ont remplacés. Ce maître garde autour de lui ses invalides, il leur donne des emplois insignifiants, mais honorables à leurs yeux, qui leur conservent leurs habitudes, une apparence d'autorité, et le respect des autres serviteurs.

Ces vieux compagnons sont des témoins nombreux qui attestent à tous les passants, qu'en s'attachant au service de ce seigneur, ils se sont donné un bon père, qui ne les a jamais oubliés, et qui, jusqu'à leur dernier soupir, tâche de procurer une existence agréable autant qu'honnête à ses serviteurs fidèles.

Manquoit-il en France de ces postes insignifiants, mais honorables? Le gouvernement de St. Germain ou d'autres pareils, n'étoient-ils point des temples convenables où vous pouviez, à l'édification du peuple, exposer ces antiques reliques de votre parti?

Les provinciaux, les étrangers, en venant visiter ces maisons royales, auroient-ils pu refuser des larmes d'attendrissement et de vénération à la vue de ces chefs respectables, de ces colonnes de l'émigration, de ces précieux monuments élevés à la fidélité par la reconnoissance?

Le Royaliste.

Ou par la politique.

Le Jacobin.

L'une et l'autre vont souvent ensemble.

On a beau avoir un grand nombre d'amis; si on les délaisse, il s'en échappe toujours quelques-uns, et il ne s'en forme pas d'autres.

Cet oracle est plus sûr que celui de Calchas.

Le 3 Juin, 1815.

QUATRIEME DIALOGUE.

Moyens qu'avoient les ministres de Louis XVIII pour lui former une Armée Royaliste.

Le Jacobin.

Vous m'accostâtes, la semaine passée, pour me demander les preuves qui attestoient que, depuis la restauration, les jacobins avoient toujours dirigé en chef le ministère de la guerre en France. Je me souviens que nous avons parlé de toute autre chose, et que nous nous sommes furieusement écartés de la question.

Le Royaliste.

C'est le sort ordinaire des conversations entre Français.

Le Jacobin.

Je suis prêt aujourd'hui à vous satisfaire là dessus.

Le Royaliste.

Bien obligé: je n'en suis plus aussi curieux. J'ai appris, depuis l'autre jour, beaucoup de détails qui m'ont confirmé dans votre opinion ; et je n'ai pas besoin d'y revenir pour le présent.

Mais, vous me dîtes, dans notre dernière entrevue, que *Ferdinand avoit eu l'armée et le peuple*

Espagnols pour lui, parce que ses ministres avoient voulu les avoir. Quant au peuple, cela étoit facile; mais je ne vois pas comment, à cette époque, le ministre de la guerre pouvoit s'y prendre pour composer avec des soldats de Buonaparté une armée de Royalistes.

Le Jacobin.

C'est le pont-aux ânes.

Le Royaliste.

Daignez me mettre du nombre, et m'aider à passer sur ce pont. Je vous avoue qu'à la place de ce ministre de la guerre, j'aurois été fort embarrassé pour me tirer de ce mauvais pas.

Le Jacobin.

Une armée est un assemblage de pièces et de morceaux qu'on unit ou qu'on sépare à volonté. Ses parties, détachées les unes des autres, ne peuvent se concerter et prendre une détermination commune, qu'en ayant un lieu de rendez-vous; et ce rendez-vous est de force chez le ministre de la guerre. Les individus qui composent cette armée veulent tous atteindre le même but, qui est leur avancement, au détriment de leurs camarades. Les esprits actifs et ambitieux de ce corps sont, de toute nécessité, des rivaux qui ne s'envisagent entre eux qu'avec peine, et ne s'occupent qu'à se nuire et à se supplanter mutuellement. Toujours prêts à recevoir les impressions de l'envie et de la jalousie, il est facile de les désunir et de les mettre en guerre ouverte les uns contre les autres.

Le Royaliste.

Cela est praticable, quand le ministre de la guerre n'a que des grâces à accorder, mais après la restauration, il n'a eu que des réformes à faire. Ces officiers licenciés n'ayant plus rien à espérer, se sont entendus comme *larrons en foire*, pour renverser le gouvernement qui les avoit congédiés.

Le Jacobin.

Un officier réformé n'est plus à craindre, parce qu'il n'a plus d'influence sur le soldat.

Le Royaliste.

Oui, quand la troupe a un bon esprit. Mais si elle l'a mauvais, ces officiers à la demi-paye deviennent un levain qui soulève et fomente les méchantes dispositions de leurs camarades, jusqu'au moment qu'elles se développent, et font une explosion terrible. Parmi ces officiers licenciés, il s'en trouvoit un grand nombre qui avoit beaucoup de zèle et beaucoup de moyens de séduire.

Le Jacobin.

Ces menées, ces préparatifs de complots dans tous les régiments de France, sont de nature à ne pas rester long-tems ignorés par un gouvernement attentif; s'il est ferme et intelligent, il y met bien vite bon ordre.

Le Royaliste.

A la façon de Barbari : mon ami, vous les auriez tous fait pendre.

Le Jacobin.

Le parti étoit violent, son exécution difficile ; et en cas de réussite, elle eût encore tourné contre vous, par l'odieux qu'elle eût jeté sur le gouvernement qui l'auroit ordonné.

Le Royaliste.

Quel moyen de se débarrasser autrement de de ce grand nombre de mutins déclarés qui ne respiroient qu'en faveur d'une nouvelle révolution?

Le Jacobin.

Combien étoient ils ?

Le Royaliste.

On m'a dit de 25 à 30 mille. (*)

Le Jacobin.

Combien y en avoit il en pied ?

Le Royaliste.

Je présume 15 mille.

Le Jacobin.

Je crois ces nombres exagérés ; n'importe.

(*) Carnot dit 14,000 ; mais comme dans la même ligne il ajoute qu'on avoit placé de 4 à 5000 officiers émigrés, on ne doit ajouter foi à aucune de ses assertions, *rapport de Carnot du* 15 *Juin* 1815. *Article de l'organisation et du personnel de l'armée.*

Combien y avoit-il d'officiers en tout, au moment où Buonaparté abdiqua l'empire?

Le Royaliste.

Plusieurs personnes m'ont assuré qu'entre les prisonniers et ceux qui étoient en pied, il y avoit de 45 à 50 mille officiers portés sur les états militaires.

Le Jacobin.

Mettons-en 60 mille en tout.

Avec 15 mille officiers enrégimentés, ayant des soldats sous leurs ordres, soutenus par le gouvernement et l'opinion publique, vous vous êtes laissé faire la loi par 45 mille officiers réformés, sans troupe sous leur commandement, sans chef avoué, sans point de réunion, et disséminés au contraire dans tous les coins du royaume.

Le Royaliste.

Mais les 15 mille officiers conservés étoient aussi mécontents que les autres. Ils voyoient avec dépit la vie inactive à laquelle on les forçoit; les ressources du pillage qui alloient leur manquer; et une perspective si éloignée d'avancement, qu'ils désespéroient d'en pouvoir jamais jouir.

Le Jacobin.

Il y avoit donc en tout 60 mille officiers mécontents dans l'armée?

Le Royaliste.

Non; mais à peu près de 30 à 40 mille et

pendant plusieurs années, on étoit hors d'état d'en diminuer le nombre.

Le Jacobin.

Au lieu de travailler à diminuer le nombre des mécontens, il falloit l'augmenter, les renvoyer tous et mettre à leur place 15 mille nouveaux officiers royalistes et contents de leur état.

Le Royaliste.

C'étoit impossible. Les sergents, les caporaux, et les soldats partageoient les opinions de leurs chefs. Si vous eussiez réformé, en même tems, les officiers de tous les régiments, pour les remplacer par d'autres, les soldats n'eussent pas voulu reconnoître ces nouveaux venus, et il y auroit eu dans l'instant une révolte complette dans l'armée. Ce remède étoit cent fois pire que le mal.

Le Jacobin.

Quoi ? vous n'avez pas plus de ressources dans l'imagination ?

Le Royaliste.

Vous serez habile, si vous en trouvez.

Le Jacobin.

A quelques-uns près, j'eusse réformé tous les capitaines, les lieutenants et sous-lieutenants ; et de suite je les eusse remplacés par les sergents et les caporaux de leur régiment. Les sous-officiers connoissent, aussi bien que leurs officiers, les moyens de conduire le soldat; ils n'auroient pas été embarrassés de les faire marcher contre l'Empereur qui venoit les priver de leur grade et de leur nouvelle épaulette.

Le Royaliste.

Cette mesure paroît simple, mais étoit-elle bien sûre?

Le Jacobin.

L'armée eût été à vous, comme elle nous a appartenu depuis 1791, où nous fîmes la même opération.

Le Royaliste.

Cela est vrai, vous nous en aviez donné l'exemple, mais elle n'étoit pas praticable, à la rentrée du Roi; S. M. n'y auroit jamais consenti.

Le Jacobin.

J'en aurois fait autant à sa place. Une sage administration est toujours attentive à éviter ces bouleversements subits et généraux dans la composition des corps.

Le Royaliste.

Vous auriez donc été forcé d'en venir à ce qu'on a fait; sauf quelques modifications dans la nominations des places et dans quelques détails d'exécution.

Le Jacobin.

Oh! que non. J'aurois pris une connoissance approfondie de tous les régiments de l'armée, et je les aurois divisés en deux classes : en royalistes et en impériaux.

Le Royaliste.

Ils étoient tous impériaux.

Le Jacobin.

Pas tous au même degré. Vous aviez 4 régiments suisses qui avoient été royalistes sous Buonaparté, à plus forte raison l'auroient-ils été sous le Roi. Ils formoient une brigade sur laquelle S. M. pouvoit compter. Je leur aurois joint, par surcroît de précaution, les régiments de VATTE-VILLE et de MEURON que les Anglois venoient de licencier.

Ces 6 régiments eussent été placés dans la *Franche-Comté*, la *Bresse ou le Bugey*, dans des garnisons voisines de leur pays, afin de faciliter leur recrutement, de les animer du bon esprit qui règne dans leurs cantons respectifs et dont on étoit sûr. Un inspecteur de leur nation, avec des sentimens bien connus et un caractère bien éprouvé, auroit été chargé directement de la composition et surveillance de ces corps helvétiques. Ce noyau seroit bientôt devenu une petite armée étrangère, en opposition ouverte avec l'esprit et les principes de vos régiments nationaux. Quoique cette brigade eût été peu forte, elle eût pu rendre des services décisifs dans plusieurs circonstances.

Foibles en Avril, 1814, ces 6 régiments portés à 3 bataillons de 500 hommes chacun, eussent présenté un ensemble de neuf mille soldats avant la fin du mois de Septembre de la même année. J'aurois, en tems de paix, arrangé leur service de manière qu'un de ces bataillons fût tour-à-tour resté un an en Suisse, dans une résidence qu'il eût été accoutumé de regarder comme le chef-lieu de son régiment; par ce moyen ces corps auroient continué plus long-tems à être étrangers au mauvais esprit qui régnoit alors dans les troupes françaises.

Le Royaliste.

Ces 6 régiments Suisses, diminués chacun de leur bataillon en résidence, vous eussent donné 6 mille hommes disponibles; et en leur supposant la plus grande valeur militaire, ils auroient encore malgré cela été bien foibles pour lutter contre la totalité de l'armée françoise.

Le Jacobin.

Avec 6 mille braves incorruptibles un ministre de la guerre, qui sait son métier, doit faire la loi à 200 mille hommes des troupes nationales, disséminés dans différentes garnisons, au milieu de leurs compatriotes adorant le Roi et ne voulant point de révolution.

J'ai commencé par les Suisses, parce qu'ils étoient tous prêts, et qu'il n'y avoit qu'à les prendre. Mais en m'occupant de cette milice étrangère, j'aurois travaillé en même tems sur les troupes nationales. J'aurois étudié l'esprit de chaque régiment en particulier, j'aurois connu le nom et le caractère des officiers qui avoient la principale influence dans leur corps; et j'aurois cherché secrètement à connoître les régiments animés d'un vrai royalisme, afin de les mettre en opposition contre ceux composés de Buonapartistes outrés.

Le Royaliste.

Vous n'en auriez pas trouvé un seul de royaliste.

Le Jacobin.

Je ne connois pas assez en détail l'esprit de l'armée pour vous contredire. Mais ma mémoire me présente le nom de trois corps françois sur lesquels S. M. pouvoit compter envers et contre tous.

Le Royaliste.

Vous me feriez plaisir de me les nommer.

Le Jacobin.

Le régiments de DILLON, la LÉGION BRITANNIQUE, et *un corps de 7 compagnies françoises,* employé dans l'armée du *Canada*, que le PRINCE REGENT, par une attention délicate et qu'on n'a pas assez remarquée, avoit fait revenir d'Amérique pour servir d'escorte à S. M. quand elle rentreroit en France.

Le Royaliste.

Les soldats françois les méprisoient et les regardoient comme d'infâmes déserteurs.

Le Jacobin.

Raison de plus pour qu'ils restassent des royalistes enragés.

Le Royaliste.

C'eût été des disputes et des duels à ne pas finir.

Le Jacobin.

Vous renforcez mon avis, au lieu de le contredire. Les François sont querelleurs; à défaut d'ennemis étrangers, ils se battent entre eux; et malgré leur philosophie, la gloire des férailleurs a une grande influence sur l'opinion de leurs soldats. Cela posé, un ministre de la guerre est bien maladroit, si les succès de ces *maîtres en fait d'armes* ne tournent pas, en fin de compte, à l'avantage des corps qu'il veut soutenir.

Le Royaliste.

Nos braves ne les eussent point soufferts, et du premier jour, ils auroient écrasé ces déserteurs.

Le Jacobin.

Nos soldats et ceux dont je vous parle, également composés de François, s'étoient connus pendant la guerre, les armes à la main. Si, à chaque rencontre, à chaque quolibet, ces soldats royalistes se fussent montrés en gens d'honneur, nos braves n'eussent pas tardé à prendre de la considération pour les vôtres, et à les regarder comme des camarades incapables de devenir leurs complices, et qui, quoique d'un parti différent, n'en méritoient pas moins leur estime. De l'estime à la fraternité le chemin n'est pas long pour des soldats françois.

Ces corps royalistes auroient été dans des garnisons séparées, en PROVENCE, dans la VENDÉE, et dans d'autres Provinces dévouées au Roi; et je n'aurois pas différé de leur donner une formation à-peu-près semblable à celle des régiments suisses dont je vous ai déjà parlé.

Le Royaliste.

Vous dites que ces deux espèces de corps auroient été *également composés de François.* Vos soldats n'en seroient pas convenus; ils auroient regardé ces nouveaux venus comme des Anglois implacables et dangereux, dont il falloit, le plutôt possible, purger le territoire de la France.

Le Jacobin.

Cela se peut; mais sous un gouvernement ferme, ils auroient été forcés d'en passer par là. Afin d'éviter les affaires de corps et les explosions trop générales dans l'armée, j'aurois pris des précautions nécessaires pour que de long-tems ces anciens et ces nouveaux corps françois ne se rencontrassent pas ensemble.

Le Royaliste.

A la seule idée de l'adoption de ces nouveaux corps, vos écrivains et vous-mêmes auriez vomi feu et flamme, au nom de l'armée et de la nation, contre ces troupes selon vous étrangères ; vous n'auriez pas manqué de dire qu'un tyran despôte vouloit s'entourer de ces régimens d'intrus pour assujétir les François à n'être gouvernés que comme des esclaves.

Vous vous seriez servi de ces expressions.

Le Jacobin.

N'en doutez pas, et de plus fortes encore. Notre politique habituelle est de jeter les hauts cris contre les mesures sages qui peuvent nous nuire, nous faire perdre une partie de notre influence et de notre considération.

Rappelez-vous-en.

Le Royaliste.

Il y a une si grande différence entre la solde angloise et la solde françoise, que plusieurs officiers et soldats de ces régiments auroient préféré recevoir leur licenciement et jouir tranquillement de leur demi-paye, à l'honneur de servir sous nos drapeaux.

Le Jacobin.

Les Anglois ont été si bons, si généreux a votre égard que, selon les apparences, ils se seroient prêtés volontiers à ces nouveaux arrangements. Le même licenciement eût été accordé à ces soldats, et par une condescendance particulière, le PRINCE REGENT eût peut-être consenti que ses anciens officiers qui entreroient dans ces nouvelles troupes françaises continuassent de jouir de la demi-paye qu'ils avoient gagnée au service britannique.

En cas de refus, ce surcroît de dépense eût été à la charge du trésor royal ; il falloit que ces régiments entrassent fiers et contents dans votre armée, et qu'aucun reproche d'intérêt ne devînt jamais un *trouble-joie*, qui leur fît regreter l'ancien maître qu'ils venoient de quitter si honorablement.

Le Royaliste.

La paye du licenciement est bientôt bue par le soldat; et, la poche vide, il en fût revenu à s'apercevoir qu'un scheling ou 24s. qu'il avoit par jour du Roi d'Angleterre, valoit mieux que 5 ou 6s. qu'il recevroit du Roi de France. Ce petit calcul eût par la suite refroidi l'exaltation de son royalisme.

Le Jacobin.

Quand les officiers, les sous-officiers sont bons

et qu'ils pensent bien, les soldats pensent de même. Tel maître, tel serviteur.

Le Royaliste.

Ces maîtres, ces serviteurs, auroient bientôt rougi d'être, au milieu de leurs compatriotes, dans le RÉGIMENT DE DILLON, dans la LÉGION BRITANNIQUE, ou dans les DÉSERTEURS ROYAUX d'Espagne; ces noms inciviques et de fabrique angloise, eussent mal sonné aux oreilles des François; il n'y avoit que la paye britannique qui pût engager de bons soldats à servir sous des drapeaux donnés par PITT ET *Consorts.* Sans ce prix, pas un sujet passable n'eût voulu rester et encore moins entrer dans aucun de ces régiments, et dans peu vous n'auriez été composés que du rebut de la nation.

Le Jacobin.

Seroit-ce dès le premier jour?

Le Royaliste.

Pas si tôt; je vous accorde, pour ces corps, une semaine d'existence.

Le Jacobin.

UNE SEMAINE! j'en ai de reste. Avant l'expiration du sixième jour, à compter du moment qu'on les eût incorporés dans l'armée du Roi, ces corps de fabrique angloise auroient disparu; comme le Phénix, ils renaissoient de leurs cendres, et paroissoient dans le monde sous le nom de régiments de LOYAL ÉMIGRANT*, de PICARDIE et de CHAMPAGNE, et je les aurois portés à 3 bataillons chacun. Au lieu de rouge, ils auroient été habillés de blanc, de la couleur nationale qui distinguoit l'infanterie françoise avant la révolution.

Il n'étoit pas possible de leur donner la paye britannique, mais aussi les denrées sont à meilleur marché en France qu'en Angleterre, ainsi tout se trouvoit compensé.

Il falloit pourtant augmenter la solde de ces nouveaux régiments françois, l'établir sur un terme

---

(*) LOYAL ÉMIGRANT : ce régiment au service de l'Angleterre et entièrement composé d'émigrés françois, à son origine, fut levé par les soins de son colonel, S. E. LE COMTE DE LA CHATRE, maintenant ambassadeur de S. M. Louis XVIII, à Londres. Ce corps créé en 1793 fut réformé en 1803, après la paix d'Amiens. Pendant ses dix ans d'existence, LOYAL ÉMIGRANT s'est distingué par une suite d'actions de courage, de sang-froid, et de détermination qui mériteroient qu'un officier instruit en fît l'histoire avec détail. Elle assureroit, à ce corps *d'émigrés*, une gloire supérieure à celle de beaucoup d'autres braves régiments qui ont eu une durée vingt fois plus considérable que la sienne.

Cet éloge est d'autant plus désintéressé de ma part, que je ne puis pas y avoir de prétention, n'ayant jamais eu l'honneur de servir dans ce corps. Mais si j'eusse mieux connu ses *hauts faits d'armes*, j'aurois volontiers consacré un dialogue pour les faire connoître et les rappeler aux auteurs qui écriront les fastes du militaire françois.

moyen entre les appointements des deux nations, porter la paye du soldat à 10s. par jour, et celle des capitaines à environ deux mille écus par an; les autres grades en proportion.

Avec une retenue journalière, on eût fait un fonds annuel qui, par surcroît de précaution, auroit été placé sur une banque étrangère, au nom du Roi régnant, jusqu'à ce que son autorité fût bien et irrévocablement consolidée. L'intérêt de cet argent auroit été partagé en pension de tontine aux officiers et soldats sur la paye desquels la retenue étoit faite. Ce fonds de retraite établi, les militaires n'auroient pas tardé à s'apercevoir du bien-être qu'ils en tireroient par la suite et les pertes qu'ils seroient dans le cas d'éprouver par la chûte du trône, sur lequel une partie considérable de leur revenu étoit hypothéquée. On est plus sûr des hommes quand leur devoir est toujours d'accord avec leurs préjugés et leurs intérêts pécuniaires.

Le Royaliste.

Il n'y auroit donc plus d'invalides?

Le Jacobin.

Il y auroit de vieux soldats, des militaires estropiés, *bien rentés* par l'état et sans frais extraordinaires.

Le Royaliste.

Que seroit devenu leur hôtel? Cette brillante

fondation, qui a fait tant d'honneur à Louis XIV, qui a attiré sur lui la reconnoissauce, l'admiration et les applaudissemens de ses contemporains ainsi que de la postérité?

Le Jacobin.

J'aurois tari cette source d'abus et de dépense, sans que personne en souffrît.

Le Royaliste.

Qu'auriez vous fait de ceux qui y étoient?

Le Jacobin.

J'aurois laissé, jusqu'à leur mort, ceux qui étoient hors d'état d'être placés dans une autre résidence militaire.

Le Royaliste.

Le sort de ceux que vous auriez disséminé dans les provinces, quoique amélioré, n'eût pas produit la même sensation dans le public, ni excité la même ambition parmi les jeunes gens qui auroient eu le désir de s'engager dans la carrière des armes.

Le Jacobin.

L'ambition de parvenir au grade de soldat *invalide* n'est pas un attrait assez puissant pour exciter l'émulation d'une brillante jeunesse. Les soldats invalides peuvent avoir acquis beaucoup de gloire dans les camps, mais ils y apprennent ordinairement fort peu de logique. Ils suivent, sans s'en apercevoir, l'impression qu'on veut leur donner. Répartis désormais dans les provinces, ils en prendront les sentimens. Mais lorsqu'ils ont été rassemblés en masse, les factieux ont toujours pris facilement de l'empire sur leur esprit. Nos propagandistes sont habiles dans ce genre ; et dans leurs mains, ces *vieilles moustaches* ont été de zélés partisans de la révolution.

Le Royaliste.

Nous les avons toujours regardés comme très-mauvais.

Le Jacobin.

Vous en savez la raison.

Le Royaliste.

Ces invalides bons ou mauvais sont un petit poids dans la balance.

Le Jacobin.

Il ne faut pas négliger les petits profits.

Le Royaliste.

Mais il ne faut pas non plus leur donner une attention qui vous fasse oublier de plus grands intérêts. On pouvoit se passer de ces héros passifs ; mais la troupe active étoit plus inquiétante. Qu'auriez-vous fait des régimens dont l'esprit étoit si contraire à celui qui eût dû animer l'armée au moment de la restauration ?

Le Jacobin.

Je les aurois conservés tels qu'ils étoient, en donnant des congés autant qu'on en auroit voulu.

Le Royaliste.

Vous eussiez bien affoibli votre armée.

Le Jacobin.

Tant mieux; les apparences de guerre n'étoient pas prochaines.

Le Royaliste.

En diminuant sa force, vous augmentiez sa méchanceté. Les bons sujets se seroient retirés, et bientôt le Roi n'eût eu à son service que des bandes de sacripans armés et entièrement dévoués aux perturbateurs qui travailloient à renverser son gouvernement.

Le Jacobin.

Pas tout-à-fait. Les officiers et les soldats tiennent plus à leur état, que vous ne pensez. Sortis de leur régiment, ils s'ennuient et ne savent que devenir.

Le Royaliste.

Les instigateurs jacobins n'eussent pas manqué de profiter de l'occasion pour faire naître des craintes et le désespoir parmi eux, et les porter à une révolte ouverte.

Le Jacobin.

Ils ne l'ont pas fait, ou bien ils n'ont pas pu y

réussir, quand on annonça à l'armée françoise cette grande réforme qui priva les trois-quarts des officiers de leur emploi et de leur considération.

Le Royaliste.

C'est fort heureux. Mais l'humiliation de se voir préférés à ces nouveaux venus, jointe à tous leurs autres ressentiments, auroit produit une explosion dont les suites funestes sont difficiles à calculer.

Vos 6 mille Suisses en Franche-Comté et, au plus fort, vos 2 mille royalistes échappés d'Angleterre, eussent été une bien foible digue contre ce torrent impétueux, pour contenir 100 mille hommes, qui se croyoient invincibles et avoir le privilége exclusif d'être nos défenseurs et nos maîtres.

Le Jacobin.

J'aurois renforcé cette digue, et augmenté le nombre de mes soldats royalistes au dépens des troupes de l'usurpateur, si enragées contre le gouvernement existant.

Le Royaliste.

Quoi ! tout-à-coup, vous auriez métamorphosé ces Buonapartistes en fervents royalistes.

Le Jacobin.

C'est la grande ressource qu'on a avec des François.

Le Royaliste.

Vous êtes donc un faiseur de miracles.

Le Jacobin.

On paroît toujours un faiseur de miracles, lorsque, profitant avec intelligence des agents employés par la nature, on produit des effets extraordinaires aux yeux des sots ou des ignorants.

Le Royaliste.

Sot ou ignorant, je ne vois pas par quel artifice vous eussiez pu inspirer à ces anciennes troupes de Buonaparté, si opiniâtrément attachées à leur Empereur, le vif désir de devenir royaliste.

Le Jacobin.

Par les préférences et la haute paye que j'aurois accordées aux régiments qui seroient reconnus pour tels.

Vos premières brigades d'infanterie eussent été enchantées de se voir incorporées dans le régiment de PICARDIE ou de CHAMPAGNE; et je les aurois portés à 6 bataillons chacun. L'habit fait souvent le moine. Leur casaque bleue changée en habit blanc leur eût donné un autre esprit. Avec ce nouvel uniforme, ils se seroient crus bien au-dessus de leurs camarades de la veille. Ils n'auroient pas été les derniers à leur chercher querelle, ni les moins empressés à leur faire sentir leur supériorité dans toutes les occasions. Ma digue eût été renforcée de trois ou quatre régiments de plus, et votre torrent diminué d'autant.

Le Royaliste.

Cela n'est pas sûr. On a vu dans toutes ces réunions d'hommes, les individus de chaque parti prendre les vices de l'autre, mais rarement ses bonnes qualités. Les satellites de votre Empepereur n'auroient point été convertis par nos royalistes : ces révolutionnaires les auroient au contraire gâtés au point de les rendre des soldats fanatiques de Buonaparté, qui leur promettoit le pillage, le désordre et des avancements rapides.

Le Jacobin.

C'est probable, si vous supposez que ces officiers émigrés, leur major, leur colonel, leur inspecteur et le ministre de la guerre fussent tous des traîtres ou des imbécilles ; prenez l'hypothèse contraire, vous en concluerez des résultats opposés ; surtout si ces officiers étoient soutenus par l'autorité du Roi.

Dans les régiments on se connoît mutuellement, mieux et plus sûrement. Les chefs de corps instruits des opinions, de la conduite et du caractère particulier de chacun des hommes soumis à leurs ordres, auroient pu, en conservant les uns et élaguant les autres, composer leur régiment de six bataillons vraiment royalistes et sur lesquels on pût compter.

Souvenez vous qu'il n'y avoit pas de lâche qui ne devînt brave dans le régiment de NAVARRE ; et quel est le révolutionnaire qui ne fût pas devenu royaliste dans celui de LOYAL ÉMIGRANT ?

Le Royaliste.

J'admets que votre succès soit complet. Vous n'auriez jamais que trois régiments nationaux entièrement à vous.

Le Jacobin.

Avec trois bons régiments à 6 bataillons, on en forme aisément 6 à trois et méritant la même confiance.

Le Royaliste.

Soit.

Le Jacobin.

Dans ces 6 régiments, ou dans ces 18 bataillons royalistes j'incorporerois, selon leur force respective, 6, ou un plus grand nombre de vos plus anciennes brigades d'infanterie, et j'aurois de plus en ma faveur les régiments à 6 bataillons de PIÉMONT, NAVARRE et NORMANDIE.

Je les épurerois de la même manière que les premiers, avec ces 6 régiments distingués par des différences et une haute paye, j'en composerois de même 12 autres et ainsi de suite, jusqu'à ce que l'armée eût eté complète et entièrement dévouée au Roi.

Le Royaliste.

Il vous faudroit bien du temps.

Le Jacobin.

Deux ou trois mois par formation nouvelle. Le 1er jour vous auriez 3 régiments royalistes. Trois mois après, 6; faites votre calcul en doublant à chaque trimestre et vous en trouverez 192 au bout de 18 mois. (*) Vous n'en vouliez pas avoir davantage; il eût été sage de vous contenter à moins. Mais 9 mois après votre rentrée, vous en auriez eu 24, ils auroient suffi, en remplissant les garnisons de Provence et de Dauphiné, entre CANNES et GRENOBLE pour arrêter Buonaparté et même pour lui ôter l'envie de tenter sa dernière invasion.

Le Royaliste.

L'opération que vous vous proposez vous mettoit dans l'obligation de réformer un nombre égal et même plus fort d'officiers. Qu'en auriez-vous fait? Je me souviens que vous n'aimez pas qu'un état donne des pensions.

Le Jacobin.

Quand il peut faire mieux. Dans cette occasion j'en aurois donné quelques-unes, mais peu;

(*) Cent quatre-vingt-douze régiments à trois bataillons de 500 hommes chacun, faisoient une infanterie de 288 mille hommes. C'étoit trop en temps de paix.

j'aurois multiplié dans les provinces, sous différents prétextes, des charges insignifiantes, mais honorables, avec des appointements honnêtes, et je les eusse données de préférence aux anciens officiers d'un caractère paisible, sauf à laisser éteindre ces *sinécures* par le laps du temps ; j'aurois amoncelé les plus méchants d'entreux dans les places de guerre, sous des chefs rigides, clairvoyants, capables de les surveiller et de les contenir dans leur devoir; avec ordre de les dénoncer, en cas de faute grave, afin qu'étant, mis en conseil de guerre, on en fît un exemple marquant, et sévère, mais légal.

D'ailleurs la plus grande partie de ces officiers turbulents étoient plus ambitieux que buonapartistes. Ils seroient devenus avec facilité les ennemis déclarés de leur ancien Empereur, dès qu'ils se seroient aperçus que c'étoit la voie la plus sûre de s'avancer dans le nouveau gouvernement.

Le Royaliste.

Voilà l'infanterie réglée. Mais nous avons encore la *cavalerie*, les *dragons*, les *troupes à cheval* à rendre royalistes. Les corps d'émigrés nous ont servi de noyau pour recréer les régiments de PICARDIE, de CHAMPAGNE, &c. Mais pour les troupes à cheval, nous n'en avions point.

Le Jacobin.

D'après ce que je viens de vous dire, il n'est

pas difficile de deviner les moyens que j'aurois employés pour rendre les *troupes à cheval* aussi royalistes que l'infanterie. L'oisiveté est la mère de tous les vices. Le cavalier étant plus occupé que le fantassin, il est en général plus sage ou moins vicieux. J'eusse cherché dans le nombre de ces régiments celui qui étoit le plus susceptible de devenir royaliste à outrance; à son défaut, j'en eusse créé un exprès, en état de me servir de creuset de coupelle dans lequel tous les autres corps seroient venus se fondre tour-à-tour, pour n'en sortir qu'après une épuration complette. Une ou deux compagnies de vos Gardes du Corps, organisées en régiments eussent été excellentes pour commencer et terminer heureusement cette œuvre épuratoire.

Il auroit peut-être été plus avantageux de n'avoir qu'une école militaire de royalisme. Les régiments de LOYAL ÉMIGRANT, de PICARDIE, de CHAMPAGNE, &c. Une fois formés et élevés dans ces sentiments, seroient devenus des corps très-propres à polir et à achever l'éducation des autres corps. Quand vous auriez eu un certain nombre de ces régiments d'infanterie bien composés et animés d'un bon esprit, il falloit incorporer dans chacun d'eux, une compagnie, un ou deux escadrons, tout au plus, de cavalerie, de dragons ou de troupe légère. Ces détachements eussent été sous l'autorité immédiate d'un colonel et d'un major fermes, grands connoisseurs en hommse, s'ils ne l'étoient pas en chevaux, et d'après la méthode que je vous ai expliquée, ils les auroient bientôt épurés et rendus aussi royalistes que LOYAL ÉMIGRANT. Cette lessive faite et parfaite, on eût réuni ces parties détachées, et on en auroit formé des régiments de cavalerie, de dragons et d'hussards excellents quant à leur moralité. Les colonels de ces nouveaux corps, avec des soins de détail et de surveillance, les eussent, en peu de tems, rendus aussi instruits qu'ils l'étoient avant le départ de Buonaparté.

Les troupes à cheval ont un grand avantage sur les autres. Le service dans cette arme a été, de tout tems, préféré par la jeunesse françoise. Les bonnes familles, les gens riches se seroient empressés d'y placer leur enfants; et dans la foule des candidats on eût choisi ceux qui joignoient à.....

Le Royaliste.

Fort bien! Je vous vois venir. Voilà donc ces capitaines de cavalerie de Buonaparté, ces officiers expérimentés, élevés dans leurs écuries, dont ils ne sont jamais sortis que pour aller à leur exercice, ou sur un champ de bataille, remplacés, comme autrefois, par des *muscadins* riches, efféminés, agréables littérateurs, faisant les délices des aimables sociétés de Paris et de la province.

Vos grosses bottes, ces *maîtres* à vieilles moustaches n'auroient eu ni confiance, ni considération pour ces petits-maîtres, pour ces *blancs-becs* qui seroient venus usurper des compagnies dans leurs corps.

Le Jacobin.

Ce langage devroit être le mien, et non pas le vôtre. Vous prétendez former un parti, et vous ne vous occupez qu'à vous nuire et à vous déprécier les uns les autres. Réunissez-vous donc, si vous voulez réussir.

Le Royaliste.

Je vous parle dans l'intimité.

Le Jacobin.

Au moins soyez juste à l'égard des défenseurs de votre propre cause ; au risque de voir, par fois, quelques gens à talens que leur mérite à fait sortir de l'obscurité, obtenir des préférences sur l'élite de vos intrigants.

Les petits-maîtres françois sont des espèces d'animaux efféminés ou durs à la fatigue, pour ainsi dire, à volonté. Vous avez été témoins que ces sibaristes gâtés par la fortune et par la vie molle et sensuelle qu'ils avoient menée jusqu'à leur émigration, ont servi comme simples soldats dans l'armée de CONDÉ ou dans d'autres corps militaires et qu'ils ont supporté les fatigues de ce nouveau métier, avec autant d'aisance que les paysans les plus endurcis par les travaux de la campagne. (*)

Les médecins et officiers de santé employés à la suite de l'armée des gentilshommes françois, m'ont tous assuré qu'il y avoit eu 20 fois moins de malades dans votre petite campagne de Verdun, qu'il n'y en auroit eu dans un corps ordinaire du même nombre d'hommes assujétis au même service.

Le Royaliste.

J'en suis un témoin oculaire.

Le Jacobin.

Ces *muscadins* occupés de leur toilette et de leurs plaisirs, que vous redoutez tant de voir à la tête d'une compagnie de cavalerie, présenteroient un corps d'officiers vifs, alertes, étourdis, mais pleins de zèle et de dévouement; ile ne tarderoient pas à être aussi instruits, ni à acquérir la confiance de leurs cavaliers et même à obtenir dans leur opinion une préférence marquée sur les anciens capitaines qu'ils auroient remplacés. Fils de parents distingués, la considération que dès l'enfance on est accoutumé à accorder à leur famille, en rejaillissant sur eux, rend leur supériorité moins choquante, leurs caresses plus flatteuses et d'un plus grand effet sur le soldat. Ces petits-maîtres plus riches en général que les offi-

(*) Voyez la note sur *loyal émigrant*, page 48.

ciers tirés des rangs, seroient par leur fortune, en état de répandre des libéralités parmi leurs cavaliers et de leur procurer des douceurs qui les feroient adorer dans leur compagnie.

Les inspecteurs, les colonels, les commandants d'escadron préfèrent avoir sous leurs ordres ces officiers sans aveu à cause de l'excès de subordination par laquelle ils se font distinguer ; la bassesse de ceux-ci couvre souvent l'incapacité et flatte toujours l'amour-propre des chefs. Ces officiers de fortune ont aussi, dans quelques points minutieux et de peu d'importance relativement à la discipline et au service de garnison, une supériorité reconnue que la médiocrité admire et fait beaucoup valoir. Les Sultans, les usurpateurs n'en veulent pas d'autres. Ce sont des enfans perdus qui, n'ayant ni famille, ni patrie, ni considération individuelle ou patrimoniale à respecter, sont entièrement dévoués au maître, dont ils suivent le sort. Leur existence, leur fortune, leur avancement futurs dépendent entièrement du despote dont ils ne sont que les satellites ; le seul moyen pour eux d'obtenir sa faveur consiste à exécuter, même à deviner ses ordres destructeurs et sanguinaires, sans distinction de concitoyens et d'étrangers.

Dans un gouvernement monarchique, les individus des états intermédiaires, depuis le Monarque, jusqu'à la dernière classe du peuple, ont, par échelons, chacun dans sa sphère, une famille, une morale, un alentour et une considération personnelle à respecter. L'obligation, fortifiée par l'assentiment général, qu'a chaque citoyen de bien remplir ses devoirs politiques, sous peine d'être rejeté avec mépris par sa société habituelle, est le caractère le plus sûr d'un état fort et vigoureux dans son intérieur. La France offroit ce spectacle, avant l'invention des *idées libérales*, de ces principes philosophiques et bouleversateurs dont elle a été et est encore le jouet.

Les officiers choisis, comme sous l'ancien régime, dans les classes distinguées, joignent la considération due à leur rang à celle de leur grade. Eux et leur état en deviennent par là plus respectables aux yeux du public. Les soldats tirés en général de la classe des paysans, d'artisans et de familles d'un degré inférieur dans l'état, conservent leurs habitudes en s'enrollant dans les compagnies commandées par des officiers d'une caste supérieure. Ils se font honneur de leur obéissance en servant sous des individus qu'ils étoient accoutumés, dès l'enfance, à regarder comme leurs chefs naturels.

L'officier convaincu qu'on ne peut jamais lui disputer sa supériorité, n'est pas sans cesse occupé à épier les occasions de la faire rudement sentir à ses soldats. Ceux-ci, par un sentiment, pour ainsi-dire inné chez eux, voient dans leur chef, un père, un avocat, un protecteur né, auquel de droit, ils ont recours dans toutes leurs affaires. Ces relations mutuelles d'obligeance d'un côté, et de confiance de l'autre, ont été jusqu'à la révolution la source presque unique des vertus militaires qui ont toujours distingué les troupes françoises, ainsi que de leur désintéressement.*

Le Royaliste.

Désintéressement, pas trop : si l'on en croit les mémoires particuliers des guerres antérieures à la révolution, nous y verrons beaucoup de grands noms qui n'ont point dédaigné le titre de pacotilleurs dans la marine, et de voleurs à la tête de leur régiment d'Hussard.

Le Jacobin.

Ces officiers ont été tarés dans l'opinion de leurs camarades. L'esprit qui régnoit parmi eux, prouve la vérité de mon assertion.

Il eût alors été facile à un ministre ferme de diminuer beaucoup ces désordres et de les réduire à ce petit pillage inévitable dans le cours d'une guerre.

Mais ces casuels de rapine étoient indestructibles dans nos armées patriotes ; il eût été très-dangereux de tenter seulement de les modérer.

* Voyez les moyens que les ministres de la guerre en France ont successivement employés, pour dégrader l'esprit du militaire françois, depuis le Duc de Choiseuil jusqu'à la révolution. Tydologie tome II. page 656.

Le Royaliste.

Voudriez vous rendre à la Noblesse françoise le privilége exclusif de fournir les officiers de Cavalerie, de Dragons, et du reste de l'armée ?

Le Jacobin.

Si jamais la Noblesse françoise a joui de ce privilége, il y a bien des siècles qu'elle l'avoit laissé tomber en dessuétude. Il n'y a point de règle exclusive en politique. Les bons législateurs, à l'instar des grands artistes, commencent par se pénétrer d'une perfection idéale, et ils tâchent ensuite de s'en approcher autant qu'ils le peuvent, avec les matériaux qu'ils ont à leur disposition.

Nous avons détruit la Noblesse en France, ou nous l'avons si fort dégradée, qu'il est ridicule d'en parler aujourd'hui. C'est à votre gouvernement futur de la mêler avec les familles qui se sont distinguées depuis, pour en former, avec prudence, dans l'opinion publique, une classe supérieure dont vos ministres royalistes puissent tirer par la suite des magistrats, des officiers, et des administrateurs au-dessus du besoin, tenant peu à leurs appointements, jaloux de leur réputation, inspirant le respect et la vénération et qui serviront d'autant mieux, qu'en général ils seront plus mal payés.

Sous Louis XIV, une grande partie des charges militaires, de judicature et d'administration étoient vénales, et jamais Roi de France ne fut mieux servi. Dans la suite ces places n'ont été accordées qu'au soi-disant mérite; et la vénalité de la charge s'est trouvée, de droit, remplacée par celle de son titulaire. Voilà ce qu'on y gagné.

Ce n'est pas la première fois qu'entre nous autres Jacobins, nous avons fait cette réflexion. Nous connoissons parfaitement, et nous aurions bien voulu employer ces mêmes véhicules, qui faisoient la force de votre ancienne monarchie. Il nous a été impossible de nous en servir, parce qu'ils détruisoient de fond en comble le système du Gouvernement qui nous donnoit l'autorité suprême. Nos généraux, nos partisans les plus chauds, n'auroient pas balancé de tourner leurs armes contre nous, du moment qu'ils se seroient aperçus que nous nous occupions de tempérer leur pillage et leur ambition effrenée.

Le Royaliste.

Ces passions ont été fatales à vos voisins, laissez-les s'en plaindre; mais applaudissez-vous de la dextérité avec laquelle vous avez manié ces deux leviers si puissants sur le cœur des François corrompus, par un gouvernement sans morale. Vos meutes révolutionnaires altérées par la soif inextinguible des richesses et des honneurs, ont fait des efforts incroyables de courage, de scélératesse et d'habileté en tout genre pour s'emparer de l'Europe et s'en partager les dépouilles. Leurs prétentions étoient exagérées en raison de leurs succès ; le moindre de leurs fusilliers avait la perspective de devenir, en peu de tems, millionaire, duc, prince, souverain, roi, ou au moins maréchal de l'empire et satrape d'une province conquise. Avec une pareille armée les projets les plus gigantesques s'exécutent avec facilité, parce qu'aucun souverain dans le monde n'avoit à sa disposition des moyens aussi puissants, pour exciter l'émulation de leurs soldats et de leurs agents dans tous les genres.

Le Jacobin.

Malheur aux états qui possèdent une pareille armée ; elle les force d'être continuellement en guerre ; ses exploits héroïques, sous un prince conquérant, la rendent quelquefois fameuse dans l'histoire, mais elle commence et finit toujours par ruiner sa propre patrie. Quel profit ont retiré la Macédoine, la Tartarie, le pays des Huns et la Suède des invasions célèbres des Alexandre, des Genseric, des Attila et des Charles XII ?

Revenant à un tems plus moderne, que reste-t-il aux François des dépouilles de la plus grande partie de l'Europe qu'ils ont conquise et dévastée avec leurs bandes révolutionnaires ? une collection de chefs-d'œuvre de peinture, et de sculpture, qu'on montre au Louvre avec tant d'apparat. Ce magasin de tableaux et de statues est, aux yeux d'une saine politique, une foible compensation pour les pertes que la France a faites de sa marine, de ses colonies, de sa moralité nationale et du bonheur public et privé de ses habitants.

Les Romains ont eu des armées aussi bonnes que les nôtres. A l'époque brillante de leur république, l'ambition de leurs soldats, de leurs généraux étoit satisfaite par l'honneur d'avoir contribué à la gloire et à l'agrandissement de la mère-patrie. Ce simple véhicule, joint à leur superstition, (*) a suffi pour former des troupes

---

* La *superstition* est regardée comme une foiblesse puérile par nos philosophes modernes. Les souverains grands législateurs en ont eu une autre idée. En liant avec habileté la *superstition* à l'esprit national qu'ils vouloient donner à leurs sujets, ils ont prouvé, par l'expérience, que de tous les moteurs connus, les sentiments religieux sont ceux qui agissent le plus puissamment sur le cœur des hommes et qui exaltent leur courage et leur dévouement au plus haut degré. Les annales des Juifs, des Romains, des Arabes, des Turcs, des chevaliers de Malte etc. etc., fournissent à chaque page des preuves à cette assertion. Les *Jacobins* le savent bien ; voilà pourquoi ils font tant crier contre les *calotins*. Parce que le retour des prêtres à leurs fonctions apostoliques rameneroit la religion ; la religion entraîneroit des remords ; et les remords sauveroient l'état, en faisant perdre à ces factieux une partie de leur influence et un grand nombre de leur partisans.

Voyez les heureux effets que l'enthousiasme religieux a produit dernièrement en Russie et en Espagne. Tydologie tome II, chap. IV, note YY, page 644.

invincibles, subjuguer toutes les nations, et les rendre les maîtres suprêmes de toute la terre connue de leur tems. Mais ensuite corrompus par leurs succès, une couronne d'herbe devint une trop foible récompense pour exciter l'émulation de ce peuple belliqueux ; à l'amour de la gloire, il fallut ajouter l'appât des richesses et la perspective des grandes places ; un nouvel esprit s'empara de leur âme, le luxe et la philosophie s'introduisirent dans Rome, le citoyen se démoralisa, et la république fut perdue.

Les Romains seroient encore les souverains de l'univers, si, au faîte de leur puissance, ils avoient su se conserver pauvres et superstitieux.

Le Royaliste.

C'étoit impossible.

Le Jacobin.

C'étoit difficile, mais non pas absurde ; et il n'y a que l'absurde qui soit impossible.

A Dieu ne plaise que je veuille blesser l'amour propre de nos soldats ! mais si, de bonne foi, je compare leurs actions militaires avec celles que leurs compatriotes ont faites dans tous les tems, je ne vois pas qu'ils aient été plus braves, ni leurs généraux plus habiles sous le nouveau que sous les anciens régimes. Si nos conquêtes ont été plus rapides et plus étendues que celles de vos Rois, elles ont aussi eu moins de durée. L'Alsace, la FLANDRE, le ROUSSILLON, &c., sont encore françois. Mais depuis Cadix jusqu'à Moscou, dans ce grande nombre de provinces soumises à notre empire, combien nous en reste-t il ?

Un extravagant qui, dans un jour, dépense avec profusion son bien et celui des autres, jette un éclat passager qui éblouit le public, mais sa carrière se termine ordinairement dans une obscurité ignominieuse. Voilà le sort d'un état qui s'enivre par ses succès militaires, et qui sacrifie à une armée impérieuse, qui ne sait et qui ne veut que la guerre, toutes les autres parties de son gouvernement.

Le Royaliste.

Bravo! vous parlez comme un vrai philosophe.

Le Jacobin.

Philosophe vous-même : (*) j'aime mieux être jacobin. Nous sommes des lions, des tigres qui attaquons ouvertement notre proie ; tandis que les philosophes sont des chats faisant pattes de velours, et qui profitent de toutes les occasions où ils peuvent le faire, sans danger, pour égratigner et mordre à belles dents les mains qui les nourrissent, ou qui les caressent.

Les philosophes ont perdu les François, comme, il y a deux mille ans, ils avoient perdu les Romains.

---

* Voyez le caractère des philosophes, Tydologie, tome II, page 429 et suivant.

Ceux-ci dans les beaux tems de leur république avoient leur noblesse et leurs chevaliers ; ces hautes classes, distinguées par leur considération héréditaire, étoient un fonds dont ils tiroient le plus souvent leurs magistrats, les officiers de leurs cohortes et leurs généraux d'armée. Ils ont voulu s'écarter quelquefois de cette règle générale qu'ils tenoient de leurs ayeux ; mais des revers éclatants les ont fait bientôt revenir à leur ancien régime. Varon et Marius en sont des exemples frappants et connus de tout le monde.

Toutes les puissances ont leurs moyens d'encouragement pour exciter l'émulation des officiers et des soldats de leurs troupes. Plus ces distinctions paroissent futiles et insignifiantes, plus elles prouvent, quand elles remplissent leur objet, que le gouvernement qui les offre avec assurance, est fort par lui-même. Les récompenses excessives que Buonaparté étoit obligé de donner à ses généraux et à ses principaux agents, pour en être bien servi, démontrent clairement que ses principes d'administration étoient défectueux dans tous les points. Ainsi, au lieu de prendre pour modèle la composition de ses troupes, il faut soigneusement l'éviter ; parce que un souverain est obligé avant tout de concilier le maintien de la dignité de sa couronne et de la sûreté de ses états, avec le bonheur de son peuple. Il doit donc préférer mettre ses sujets sous la sauvegarde d'une armée de citoyens, à les voir tourmentés, pendant des siècles, par une soldatesque cosmopolite, entièrement dévouée à des officiers qui ne songent qu'à la rapine et qu'à obtenir des avancements aussi prématurés que scandaleux.

Le Royaliste.

La cavalerie nous a menés loin ; je m'en console, parce que j'ai parcouru avec elle un pays bien intéressant. Les troupes à cheval sont arrangées à notre fantaisie. Il ne nous reste que le génie et l'artillerie à convertir au point de les rendre royalistes.

Le Jacobin.

Les officiers d'artillerie et de génie sont des savants qui touchent de si près à l'Institut Impérial et aux écoles *polytechniques*,(*) que le sentiment a peu de prise sur eux ; par bonheur ils sont peu nombreux, et l'étude constante des mathématiques leur apprend à bien calculer leurs intérêts. Le vif désir d'avancer et d'obtenir des grades, la crainte de se voir écrasés par les autres corps, ou méprisés par leurs compatriotes, en retiendront beaucoup dans leur devoir. L'ambi-

---

* Voyez l'Histoire des académiciens françois et celle des moyens scientifiques qu'ils ont employés pour accélérer la Révolution, afin de se rendre des personnages importants dans l'état.—Tydologie, tome II, depuis la page 468 jusqu'à la fin du livre.

tion changeroit leur façon de penser, et parmi leurs républicains les plus outrés d'aujourd'hui, il en seroit sorti, selon les apparences, des panégyristes exagérés de l'autorité royale. Quelques punitions sévères et justes, quelques récompenses éclatantes et bien méritées couronneroient heureusement la fin de ce grand œuvre.

Le Royaliste.

Vos raisonnements sont spécieux, mais ils ne m'ont pas convaincu. Votre systême est excellent en théorie, mais il n'étoit pas praticable à l'époque dont nous parlons. L'armée avoit un trop mauvais esprit, il falloit nécessairement la dissoudre et en créer une nouvelle. L'exécution de cette réforme totale étoit difficile et même dangereuse à beaucoup d'égards. Le soldat françois de 1814 et 1815, comme le soldat romain, ne respiroit que la guerre; et on ne pouvoit l'assujétir qu'en le mettant en campagne.

Le Jacobin.

Je ne crois pas que la guerre fût nécessaire. Mais, si elle étoit indispensable pour votre tranquillité, que ne faisiez-vous la guerre?

Le Royaliste.

A qui? Etoit-il décent que Louis XVIII attaquât pour sa propre convenance aucune des puissances de l'Europe, qui avoit généreusement contribué à le rétablir sur son trône?

Le Jacobin.

N'y a-t-il que l'Europe sur la terre?

Le Royaliste.

Il est vrai qu'on auroit pu envoyer à St. Domingue une partie de ces mutins impériaux.

Le Jacobin.

Toujours des moyens usés, toujours des meurtres, en pure perte. Ne savez-vous pas tirer d'autre parti des hommes courageux, qu'en leur faisant engraisser des cimetières ?

Le Royaliste.

Ma foi ! J'y perds mon latin.

Le Jacobin.

A défaut du latin, apprenez le Turc. Puisez dans nos écrits, dans nos proclamations, ces motifs pleins de candeur et d'humanité qui ont déterminé nos grandes opérations. Envoyez ces 100 mille hommes qui vous gênent prêcher dans les royaumes d'Alger et de Tunis. Jurez, à la face de l'univers, que vous ne voulez point faire la conquête d'aucune de ces deux régences. Répétez, à satiété, dans chacun de vos manifestes que, mus par de plus nobles sentiments, votre seul désir est d'établir notre sainte religion chez ces peuples infestés depuis long-tems par les erreurs de MAHOMET; de protéger la liberté des mers et du commerce contre leurs pirateries;

de leur apporter nos *idées libérales,* cause, à ce que disent les Jacobins, du bonheur ineffable de tous les peuples dont elles ont dirigé le gouvernement; de délivrer les femmes des sérails barbaresques; d'inculquer à ces beautés divines les vertus domestiques de nos mœurs privées, et à se passer de leurs eunuques tant sur leur théâtre qu'ailleurs; de les initier dans la connoissance de nos arts utiles et agréables, de leur apprendre la musique, à jouer du *forté-piano,* enfin de les combler de mille autres bienfaits qui leur sont encore inconnus.... Ce sont là de justes sujets d'une guerre raisonnable qui, au lieu du blâme, vous auroient mérité les éloges universels de tous les philanthropes du monde. Ils sont nombreux, puissants, généralement répandus, et leur influence n'est point à dédaigner.

Le Royaliste.

Je n'avois pas pensé à cette guerre philanthropique.

Le Jacobin.

Vous ne pensez à rien dans votre parti. Ce projet vous a pourtant été proposé par Sir W. SIDNEY SMITH, en Septembre, 1814. (*) Mais 20 ans avant, vous auriez dû prévoir que cette ressource pourroit vous être utile, dans le cas où

(*) L'Ambigu de M. Peltier, N°. 440, du 20 Juin, 1815.

le mauvais esprit de vos troupes vous forçât de vous débarrasser honorablement d'une partie de votre armée.

Vous avez eu une superbe occasion pour déployer avec emphase vos sentiments de loyauté et vous débarrasser par contre-coup de vos troupes mutines. Dans le courant de 1814 ou de 1815, mais avant votre expulsion, SIDI MAHMOUD FLUSSEN grand visir du Bey de Tunis qui le regardoit comme son meilleur ami, profite de l'intimité, de la confiance et de l'autorité de son maître pour le trahir. Il forme un parti contre lui, assassine ce prince, s'empare de ses états et gouverne tranquillement les sujets de son ancien bienfaiteur. Pourquoi vos forces de terre et de mer ne sont-elles pas parties tout de suite pour aller punir cet usurpateur, le chasser de son royaume et apprendre aux peuples d'Afrique, par un exemple mémorable, que des factieux ne peuvent plus impunément révolutionner un pays, ni présenter un aventurier comme un souverain légitime? Voilà ces révolutionnaires obligés de se battre pour soutenir la cause des Rois.

Le Royaliste.

Partez, révolutionnaires, allez en Barbarie et devenez-y des citoyens barbares.

Le Jacobin.

Cette harangue d'adieu est noble et touchante.

Le Royaliste.

On ne va de France à Tunis ou à Alger que par mer. Chemin faisant, vous auriez pu rencontrer des astringents anglois qui auroient arrêté le cours de votre purgation politique.

Le Jacobin.

Mes troupes et mes journaux seroient arrivés en Afrique, avant que la nouvelle en fût connue à Londres.

Le Royaliste.

Mais ensuite.

Le Jacobin.

Si le cabinet de St. James s'étoit fâché un peu trop, je lui aurois abandonné mon armée, avec le soin de la solder et de la moriginer.

Le Royaliste.

Je crois à un arrangement facile entre les cabinets de Louis XVIII et du PRINCE REGENT. Mais Buonaparté, apprennant qu'une armée françoise est dans une de ces deux régences, s'échappe de l'île d'Elbe, et va se mettre à la tête de ses braves, dont il est adoré.

Le Jacobin.

Qu'il y reste. Qu'en expiation de leurs crimes communs, ils aillent tous en pélerinage à la MECQUE, en faire amende honorable au fameux Caban de Mahomet; je leur souhaite un bon voyage.

Le Royaliste.

Ce n'est point à la MECQUE, mais en France que cet Empereur seroit venu avec 100 mille hommes, outrés de la manière dont on s'en étoit débarrassé.

Le Jacobin.

Vous en mettez beaucoup. Mais plus il y en aura, plus il y aura d'embarras, plus il faudra de voitures pour les transporter. Il y a plus loin d'Afrique en France, que de l'île d'Elbe au GOURJUAN. Toutes ces différences réunies donnoient beaucoup de moyens pour arrêter Buonaparté dans sa course, et même pour lui ôter l'envie de l'entreprendre.

Soyez persuadés que les corps les plus mutins une fois expatriés dans un pays lointain, deviennent plus souples et plus soumis à l'autorité du sol de leur mère-patrie. Les ministres du Roi auroient eu une influence plus directe sur les troupes françoises exilées en Afrique, qu'à caractère égal, ils en auroient eu sur les régiments qui étoient autour d'eux et disséminés dans les différentes places du royaume.

Le Royaliste.

Par votre correspondance active, vous auriez, messieurs les Jacobins, entretenu ces soldats dans leur esprit de mutinerie, et vous vous en seriez servis, dans la suite, pour nous jouer quelque mauvais tour.

Le Jacobin.

Je suppose qu'au préalable vous avez anéanti l'influence de notre secte et même plusieurs de nos personnages marquants. Sans cette précaution, vous n'aviez rien à faire, qu'à ramasser vos fonds, les envoyer en Angleterre, et vous tenir prêts à partir.

Le Royaliste.

Vous avez réponse à tout. Je n'ai plus qu'une objection à vous faire, mais elle me paroît sans réplique. Elle détruit, dès le premier jour, la possibilité de mettre en pratique les vues administratives que vous venez de me détailler, pour former une armée françoise et royaliste à l'époque de la restauration.

Le Jacobin.

Quelle est-elle ?

Le Royaliste.

Vous conservez les états militaires sur le même pied que Buonaparté les avoit laissés ; vous augmentez considérablement la solde des nouveaux corps royalistes qui doivent progressivement remplacer les anciens régiments de l'Empereur ; vous multipliez presque à l'infini les états-majors des places et vous donnez de bons appointements à ces titulaires la plupart inutiles ; vous incorporez nos vieux officiers avec les vôtres, et vous les distribuez également dans les provinces avec des emplois décents et bien payés, etc. etc. etc. Quel est le trésor qui eût pu tenir à une pareille dépense, au moins pendant les premières années ?

Le Jacobin.

Le trésor royal. Le dernier budget du ministre des finances alloue 200 millions à celui de la guerre. Supposons que votre armée active soit de 200 mille hommes, et que, l'un portant l'autre, chacun des individus qui la compose, coûtât 300 fr. à l'état, vous auriez des troupes suffisantes et bien payées pour 60 millions par an.

Le Royaliste.

Je crois que c'est peu.

Le Jacobin.

Doublez la somme, affectez 600 fr. par homme : la paye entière de vos régiments reviendroit à 120 millions par an ; vous aviez 200 millions, il en restoit donc 80 pour les autres dépenses du département de la guerre.

Le Royaliste.

Ce fond eût été peut-être suffisant par la suite, mais il étoit trop foible dans le commencement, à cause de l'arriéré des troupes, de la solde des prisonniers, de mille autres dépenses indispensables dans l'année où l'on travaille à se mettre sur le pied de paix.

L'établissement de votre système eût peut-être

obligé d'ajouter, pour 1814, 1815, et même jusqu'en 1820, une trentaine de millions aux fonds du ministère de la guerre; où les auroit-on pris?

Le Jacobin.

On les eût pris sur les caisses particulières des autres départements ministériels.

Le Royaliste.

Celles-ci n'étoient déjà pas trop riches. Elles avoient servi à subvenir à des surcroîts de dépenses nécessitées par l'installation d'un nouveau gouvernement. Chaque ministre, à l'instar de celui de la guerre, avoit aussi hypothéqué sur ses fonds, des arriérés, des dettes criardes et payables, pour ainsi dire, à vue.

Le Jacobin.

On eût retardé le remboursement des fournisseurs de Buonaparté, de Mde. de Sthaël, etc. etc. Les dédomagements réclamés par la ville d'Hambourg, les acquittements de solde des révolutionnaires espagnols réfugiés en France, et mille autres dépenses de cette nature, dont le payement moins pressé auroit pu, sans danger, se renvoyer à un moment plus opportun.

Le Royaliste.

C'étoit des dettes sacrées.

Le Jacobin.

Vous n'irez pas loin, si vous vous laissez arrêter, à chaque pas, par de pareils obstacles.

Le Royaliste.

J'en conviens. Je regrette que le sort ne vous ait pas jetté dans notre parti. Vous nous auriez été très-utile par vos conseils.

Le Jacobin.

Bah! vous n'avez jamais voulu écouter personne.

Le 11 Juin, 1815.

FIN.

P. S.—Par les actes officiels des premiers ministres de Louis XVIII, par les débats qui ont eu lieu dans chacune des deux chambres créées par la Charte constitutionnelle, enfin par les écrits publiés depuis la restauration, on a dû remarquer combien ont été vagues et contradictoires entr'elles les opinions qu'on a eues sur les *émigrés*. S. M. dans le courant de Septembre, ou d'Octobre, 1814, nomma un comité présidé par M. de Barentin, pour s'occuper uniquement du sort ces fidèles serviteurs. Les membres de cette commission paroissent n'avoir pas eu des idées plus *justes* que le reste du public, à l'égard de ces malheureux royalistes; au moins si l'on en juge par la qualité des personnes dont ils avoient admis ou rejeté les demandes.

Dans l'incertitude si le gouvernement d'Angleterre continueroit de payer les émigrés qu'il avoit nourris jusque alors; et le Baron de Maloüet, ministre de la marine, ayant déclaré dans une ordonnance du Roi (*)

(*) Extrait de l'ordonnance du Roi du 25 Mai, 1814.

ARTICLE II.

Pourront être admis dans notre marine royale ceux des anciens officiers qui, après avoir quitté le service de France, auroient continué de naviguer au service d'une des puissances maritimes; ceux qui ont échappés au désastre de Quibéron; ceux enfin qui *depuis leur rentrée en France ne voyant plus, après la perte de leur Roi, que ce qu'ils devoient à leur patrie ont offert leurs services et ont été*
répoussés.

Ainsi les anciens officiers de la *marine royale* qui n'avoient navigué au service d'aucune puissance maritime; ceux qui ne s'étoient point trouvés au désastre de Quibéron; ceux enfin qui n'ayant jamais abandonné S. M. ni sa cause et qui s'étant que tous les officiers de la marine (*) qui se trouvoient dans ma catégorie, ne pourroient plus rentrer dans leur ancien corps, je fus obligé d'avoir recours au comité présidé par M. de Barentin, pour m'assurer un moyen quelconque de subsistance.

Je donne ici la copie de la lettre que j'écrivis à ce sujet à cet ancien magistrat : moins pour ce qui me concerne en particulier ; mais parce qu'elle peut se considérer comme un mémoire de l'émigration en général, où l'on représente ce corps sous son vrai point de vûe, et où l'on rappelle le droit qu'avoit chacun de ses membres pour demander, sans indiscrétion, d'être favorisé des grâces du Roi.

Cette pièce est d'autant moins déplacée ici, qu'elle est un complément nécessaire au 3e dialogue.

Lettre à M. de Barentin, Chancelier Honoraire de France.

MONSEIGNEUR,

Vous ne devez pas douter de la satisfaction qu'ont eu les émigrés, en apprenant que vous présidiez le comité chargé de fixer et de répartir les traitements que S. M. se réserve d'accorder à ses sujets, qui, de-

---

constamment réfusé de s'enróler sous les drapeaux de Buonaparté, ne se sont point mis dans le cas de voir leurs offres de service *répoussées* par les ministres de cet usurpateur, ont été, comme moi, déclarés incapables de rentrer dans la marine du Roi ; preuve que les ordonnances de la marine étoient alors dictées par les Jacobins.

(*) Voyez le portrait de l'ancienne marine de France et la conduite qu'à eu son corp d'officiers dans l'émigration. Tydologie, tome I, chap. II, page 76.

puis le commencement de la révolution, n'ont jamais abandonné sa cause, ni sa personne. La justice, dont l'intègre application a occupé votre vie entière, me persuade que vous ne regarderez point les *émigrés*, cette classe qui a eu l'honneur de compter parmi ses membres, S. M., les princes de son sang et vous (Monseigneur), comme une troupe de nécessiteux, dont il faut se débarrasser, en distribuant quelques aumônes aux plus importuns.

Je vous prie, Monseigneur, de considérer que le corps de l'émigration s'est rassemblé par les ordres de S. M. et qu'il s'est formé sous ses yeux. Que ce corps a eu son hiérarchie et que des fonds viennent d'être remis à la disposition du comité que vous présidez pour récompenser ses services. Il est de notoriété publique, qu'en général, ils ont été ruineux, désintéressés, longs, pénibles, périlleux et surtout très-désagréables à beaucoup d'égards. Le dévouement du corps des émigrés est à lui, et en aucune manière, on ne peut lui imputer ses revers ni la non-réussite de ses efforts. Ils relèvent seulement son courage et sa persévérance à combattre, autant qu'il le pouvoit, les ennemis de son Roi et de sa patrie.

Je vous demande pardon, Monseigneur, de revenir sur des principes qui, depuis long-temps, sont dans votre cœur et dans votre esprit. Mais un bruit court à Londres, et il est soutenu par beaucoup de preuves, que mon éloignement ne me permet pas de vérifier, qu'il n'y aura d'admis par le comité, pour obtenir des secours, que les *émigrés* qui seront absolument sans place, sans traitement, et sans aucun moyen quelconque de subsistance; et qui, en outre par leur âge, leurs infirmités, ou leur ineptie seroient jugez incapables de remplir aucune fonction. Ce système en vigueur changeroit entièrement la nature de votre travail, puisqu'au lieu de présenter au Roi des serviteurs fidèles qui sont dignes de ses bontés, vous ne seriez chargé que de lui donner une liste de gens nuls et qui ne sont bons à rien: mais que, par charité, il faut pourtant empêcher de mourir de faim, en leur donnant strictement de quoi vivre et rien de plus. Si votre comité adopte une pareille jurisprudence, un parfait IDIOT devient à ses yeux un sujet impayable; auquel il assignera la plus forte pension, et qu'il présentera comme l'émigré le plus recommandable pour avoir droit aux grâces, de S. M. Vous voyez, Monseigneur, si vous admetez ce faux principe, dans quelles absurdités vous entraîneroient ces conséquences rigoureuses.

J'insiste sur ce point, parce que dans ma position, je suis dans le cas de faire des demandes fondées en justice sur les fonds de la marine, de l'émigration, sur les biens non vendus de l'ordre de Malte, (*) et ceux de mon frère comme son créancier légitimaire. J'aurois peut-être aussi quelques titres (†) sur la générosité du gouvernement d'Angleterre pour les foibles services qui j'ai pu lui rendre. Les places obscures et subalternes que j'ai remplies ne me donnent lieu à prétendre qu'à des traitements modiques sur chacune de ces caisses. Mais leur somme pourroit enfin me pro-

(*) Tout cela a manqué; et sans l'amitié de Lord Minto et la générosité du gouvernement britannique, je mourrois de faim.

(†) Voyez quelques-uns de ces titres que j'ai fait imprimer, à la fin de la première partie de ma Tydologie, page 113 et suivantes.

curer une petite aisance. Le comite que vous préfidez, s'opposera-t-il, autant qu'il est dans son pouvoir, que j'en jouisse au déclin de ma vie?

Les départements que je viens de vous nommer sont sont autant de banques différentes sur lesquelles j'ai des titres incontestables, quoique mon compte n'y soit *pas* encore réglé. Mais parce que j'aurois des créances légitimes sur 4 ou 5 banques différentes, une d'entre elles se croira-t-elle autorisée à ne pas reconnoître sa dette envers moi, par la raison que chacune des autres seroit exacte à me payer la sienne. Remarquez, Monseigneur, que je ramène toujours la question sous son vrai point de vue.

Vous me permettriez peut-être, Monseigneur, de réclamer ici les bontés que vous m'avez toujours témoignées à Londres. Mais organe de la loi, vous êtes impassible comme elle. Je n'implore maintenant que votre justice et je me borne à vous envoyer un mémoire où je détaille mes titres d'émigration. Je vous prie de les mettre sous les yeux du comité et j'attendrois avec résignation le fort qu'il voudra bien m'accorder.

Je suis, etc. etc.

LE CHEVALIER DE SADE.

Londres, le 13 Novembre, 1814.

N. B.—Cette lettre a été remise à M. de Barentin; mais elle n'a pas eu de réponse, et le comité n'a eu aucun égard pour les principes que j'y développois.

De l'Imprimerie de R. Juigné, 17, Margaret Street, Cavendish Square.

www.ingramcontent.com/pod-product-compliance
Ingram Content Group UK Ltd.
Pitfield, Milton Keynes, MK11 3LW, UK
UKHW031923260826
14628UKWH00003B/1391